Ostfriesland Verlag – SKN

# *Kirchen*

## *in Ostfriesland*

eine Auswahl
künstlerischer Ansichten

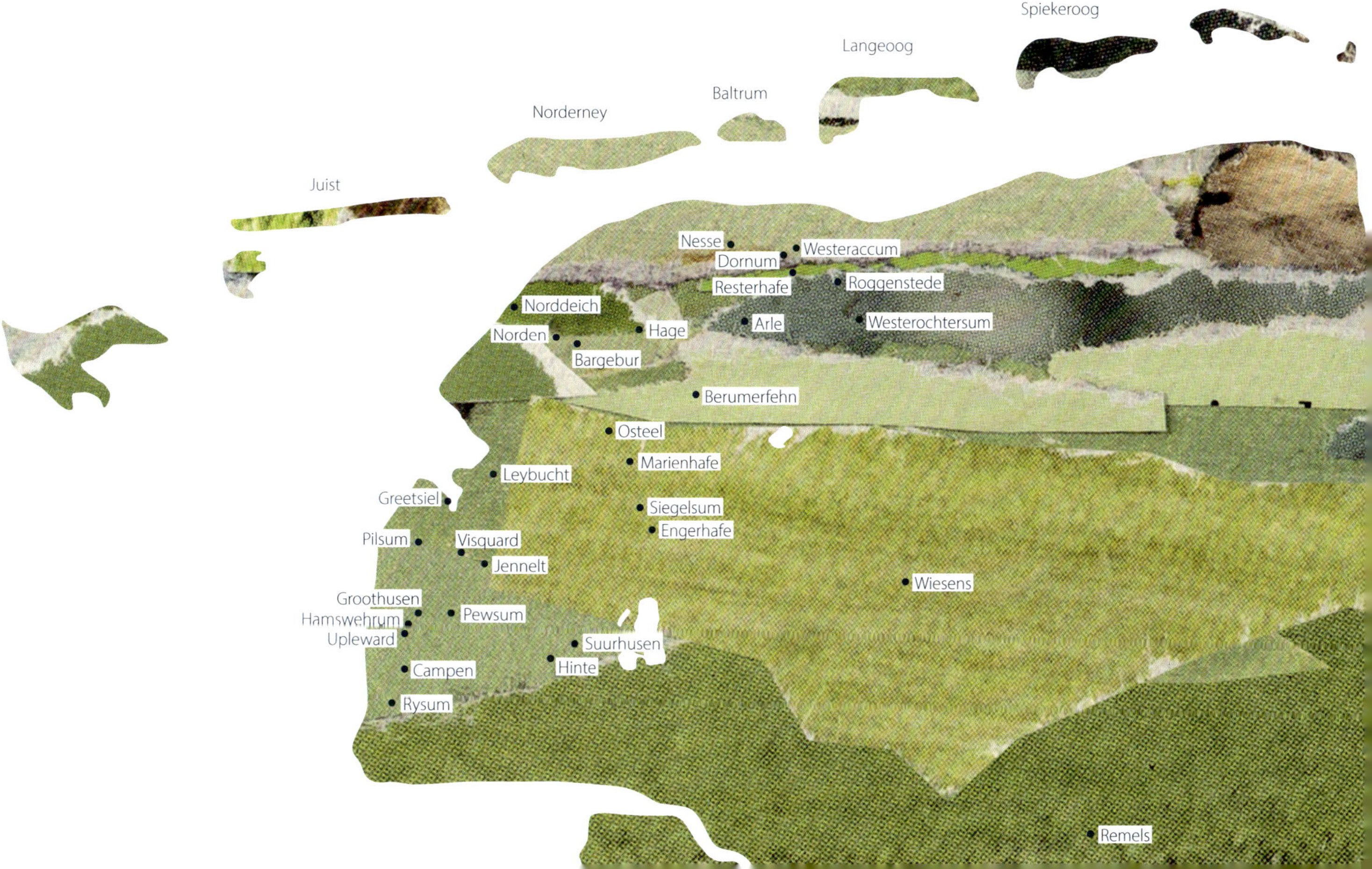

Spiekeroog
Langeoog
Baltrum
Norderney
Juist
Nesse
Westeraccum
Dornum
Resterhafe
Roggenstede
Norddeich
Hage
Arle
Westerochtersum
Norden
Bargebur
Berumerfehn
Osteel
Marienhafe
Leybucht
Greetsiel
Siegelsum
Engerhafe
Pilsum
Visquard
Jennelt
Wiesens
Groothusen
Pewsum
Hamswehrum
Upleward
Suurhusen
Campen
Hinte
Rysum
Remels

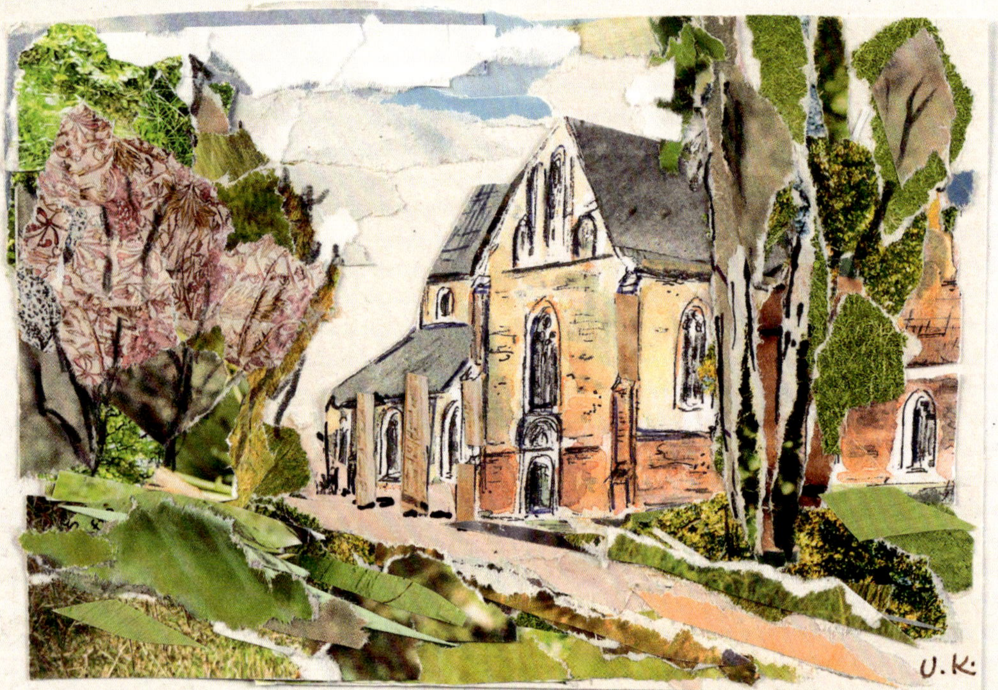
U.K.

# *Kirchen in Ostfriesland*

Auf den folgenden Seiten möchten wir Ihnen die Vielfalt und Besonderheiten ausgewählter ostfriesischer Kirchen vorstellen – und das in der künstlerischen Betrachtung von Ursula Karge (ihr Wirken wird auf Seite 12 vorgestellt). Diese kleine Publikation soll Ihnen ein Begleiter sein: für Momente der Ruhe und Besinnung, für Erkundungen in der Region und für eine Zeitreise durch die Kulturlandschaft Ostfrieslands.

Um etwas über die Entstehung der Gotteshäuser Ostfrieslands zu erfahren, lohnt sich ein Blick in die Geschichte dieser Region, die das Phänomen dieser Kirchenlandschaft erklärt und stark mit der „Friesischen Freiheit“ verbunden ist. Ostfriesland wird auch als ostfriesische Halbinsel beschrieben. Ursprung dieser Bezeichnung ist, dass sich ein von eiszeitlichen Kräften und Vorgängen gestalteter Geestrücken vom Oldenburger Land aus in nordwestlicher Richtung zur Nordseeküste schob, wo er von der baumarmen Marsch, bestehend aus Sinkstoffen des Meeres, umschlossen wurde. Besiedelt wurde das Marschland bereits im 1. Jahrhundert v. Christus. Um sich vor unvermeidlicher Überflutung zu schützen, wurden Erdhügel auf dem Geestrücken aufgebracht, sogenannte Wurten, heute Warfen genannt. Dort entstanden Dörfer, Einzelgehöfte und Kirchen und um das Jahr 1000 die ersten Deiche. Bedingt durch die jährlich tosenden Sturmfluten wurden die Wurten erhöht.

Trotz der Besiedlung dieses Gebietes waren die Friesen vom übrigen Land und dessen Herrschaftstrukturen weitgehend getrennt und unter sich – dazu trugen nicht zuletzt die ausgedehnten und unerschlossenen Moorflächen bei, die einen Handel über Land verhinderten. Die Friesen bildeten eine eigene Einheit und richteten ihre politische Organisation und ihr Sozialgefüge selbstständig aus. So prägte sich der Begriff der „Friesischen Freiheit“, der bekennende Ausdruck dafür, dass nicht Feudalismus und Leibeigenschaft bestimmend für ihre Gesellschaft sein sollten, sondern Autonomie und Freiheit. In die Zeit um 1000 fiel der Niedergang der fränkisch-karolingischen Herrschaft. Es bildeten sich als frühe Verwaltungseinheiten die sogenannten „ostfriesischen terrae“ – selbstständige Bauernrepubliken – mit gewählten „consules“. Diese zeichneten sich durch Wohlstand und Unabhängigkeit der Bauern aus. Dennoch gingen die großen kulturellen und wirtschaftlichen Bewegungen an den Friesen nicht vorbei; sie eigneten sie sich durchaus an, aber nach ihren Bedürfnissen und Erfordernissen. Es galt, nicht herrschaftlich, sondern genossenschaftlich strukturiert zu sein. Garantie und Legitimation für ihre persönliche wie politische Freiheit suchten die Friesen bei Kaiser und Reich, Schutz und Schirm trugen sie bestimmten Heiligen und dem Himmel an. In ihren jeweiligen Siegeln finden sich diese Landesheiligen, ihre Schutzpatrone, noch heute wieder. Ihnen zu Ehren entstanden sakrale Zentren mit vereinzelt imposanten Kirchenbauten wie beispielsweise die Ludgerikirche in Norden, eine der größten Ostfrieslands, und St. Marien in Marienhafe. Letztere wies deutliche Anlehnung an den Dom von Osnabrück auf und stand ihm in den Abmessungen kaum nach. Kleinere Kirchspiele eiferten dem in bescheidenerem Rahmen nach.

Die kleinen und großen Kirchen dienten religiösen Zwecken und waren Demonstrations- und Repräsentationsobjekte der freien bäuerlichen Gemeinden und Genossenschaften, ihrer Finanzkraft und ihres Selbstbewusstseins. Für die Menschen, die in unmittelbarer Nähe zur Nordsee lebten, waren sie noch mehr: Gebaut auf dem höchsten Punkt der Wurt, waren sie Zufluchtsorte, wenn Sturmfluten drohten. Auch dienten die Kirchtürme den Seefahrern, aber auch den Piraten als Orientierungspunkte.

Die ersten Kirchen werden wohl im späten 8. und im 9. Jahrhundert als Holzkonstruktionen errichtet worden sein. Diese Bauten hat man sich in wesentlich kleinerem Ausmaß mit fünf bis acht Metern Breite und allenfalls mit einem achteckigen Chor vorzustellen. Die bedeutenden Kirchen ab dem 11./12. Jahrhundert waren zumeist Sendkirchen (Propsteikirche mit einer Gerichtsbarkeit über andere Kirchspiele). Ein Baustoff jener Zeit war der Tuffstein, ein vulkanischer Auswurf. Das Material wurde per Schiff über den Mittelrhein und dann entlang der niederländischen Küste zumeist bis in die Harlebucht transportiert. Es war modellierfähig, aber auch porös und aufgrund der Witterungsbedingungen in Ostfriesland anfällig. Ein Wandel vollzog sich mit dem Backstein: Um 1200 wurde durch die Klöster – Zisterzienser und Prämonstratenser – die Kunst des Ziegelbrennens bekannt und fand zunehmend Verbreitung. Mit Beginn des 13. Jahrhunderts wurden die frühesten

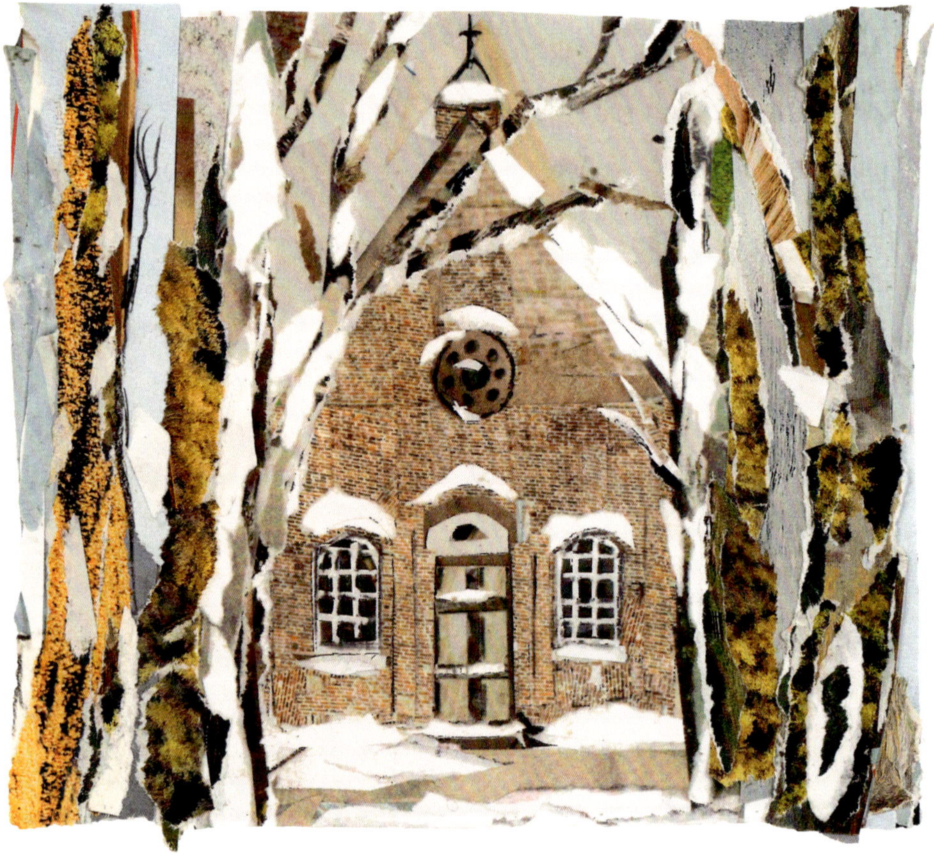

Backsteinkirchen errichtet, die viele Vorgängerkirchen aus Holz und Tuff ersetzten und zumeist auch deren Ausmaße übertrafen.

Dass hierzulande viele Glockentürme als eigenständige Bauwerke in der Nähe des Kirchenschiffs aufragen, ist eine ostfriesische Besonderheit und dem Boden dieses Landstrichs geschuldet: Da die Kirchen aufgrund der Schwingungen des schweren Geläuts in ihrer Stabilität gefährdet waren, wurden für die Glocken separate Türme errichtet. So wollten die Erbauer eine mit der Zeit auftretende Schieflage verhindern – so wie es bei der Kirche von Suurhusen ersichtlich ist, deren angebauter Turm zu den schiefsten der Welt gehört.

Die Kirchen Ostfrieslands stehen damals wie heute im Mittelpunkt der Dörfer, bestimmen das Ortsbild und vermitteln eine Strahlkraft, die seit Jahrhunderten anhält. In unserem Landstrich kann man viele dieser Bauwerke schon von Weitem ausmachen: Die evangelisch-reformierten Gotteshäuser tragen auf den Spitzen ihrer Kirchtürme zumeist einen Hahn als Wetterfahne, die evangelisch-lutherischen Kirchen einen Schwan.
Es lohnt aber auch unbedingt ein Blick ins Innere dieser Bauwerke. Viele der Kirchen beherbergen historische Altäre, Kanzeln und andere Relikte, die es zu entdecken gibt. Auch prächtige Orgelprospekte finden sich, hinter denen sich wohlklingende Instrumente verbergen – für seine Orgelfülle ist Ostfriesland weltberühmt. Ein Klangerlebnis können wir Ihnen mit diesem kleinen Buch nicht bieten, aber wir haben für Sie die Entstehungszeiten der Orgeln, ihre Baumeister und ihre Bedeutung als kulturelles Erbe dieser Region, soweit uns bekannt, aufgeführt und mit Wissenswertem zu den Kirchen ergänzt. Viel Freude mit dieser Lektüre!

*Gabriele Basse, Verlagsleitung*

# *Unikate aus Papierschnipseln*

**Ursula Karge** nennt sich selbst eine Freizeit-Künstlerin. Die gebürtige Norderin hat viele künstlerische Leidenschaften. In frühen Jahren war es die Aquarellmalerei, auch übte sie sich im Bleistiftzeichnen und im Linolschnitt. Ursula Karge hat ein Auge für Motive. Sie entdeckt bedrucktes Papier unterschiedlicher Grammatur, das sie in Zeitungen, Zeitschriften, Werbebroschüren oder Kalenderblättern findet, als Material, um damit Bilder zu gestalten. Seit zehn Jahren widmet sie sich dieser Technik, nach Farben sortiert harren die papiernen Fragmente in Kartons ihrer Verarbeitung. Jedes ihrer Bilder ist ein Unikat und erfordert Akribie und Geduld, da das Papier von ihr per Hand in unterschiedliche Größen gerissen wird.
Schon bei diesem Vorgang sieht sie die passende Verwendung in ihren kleinen Kunstwerken, die nicht nur Kirchen, sondern auch Blumen, Blüten und Landschaften abbilden. Bei dickerem Papiermaterial beispielsweise entsteht durch ausgefranste Schnipselränder eine besondere Wirkung. Für winterliche Abbildungen wiederum eignen sich Schnipsel mit dicken weißen Rändern, weil damit Schnee dargestellt werden kann. Damit die Ansichten späterhin plastisch wirken, klebt Ursula Karge mehrere Schnipselschichten übereinander – so lange, bis die Darstellung dem Ausgangsmotiv entspricht. In dieser Publikation stellen wir ostfriesische Gotteshäuser vor, die Ursula Karge in Szene gesetzt hat – dabei hat sie sich durch verschiedene Vorlagen inspirieren lassen. Auch Bleistiftzeichnungen finden sich auf den folgenden Seiten.

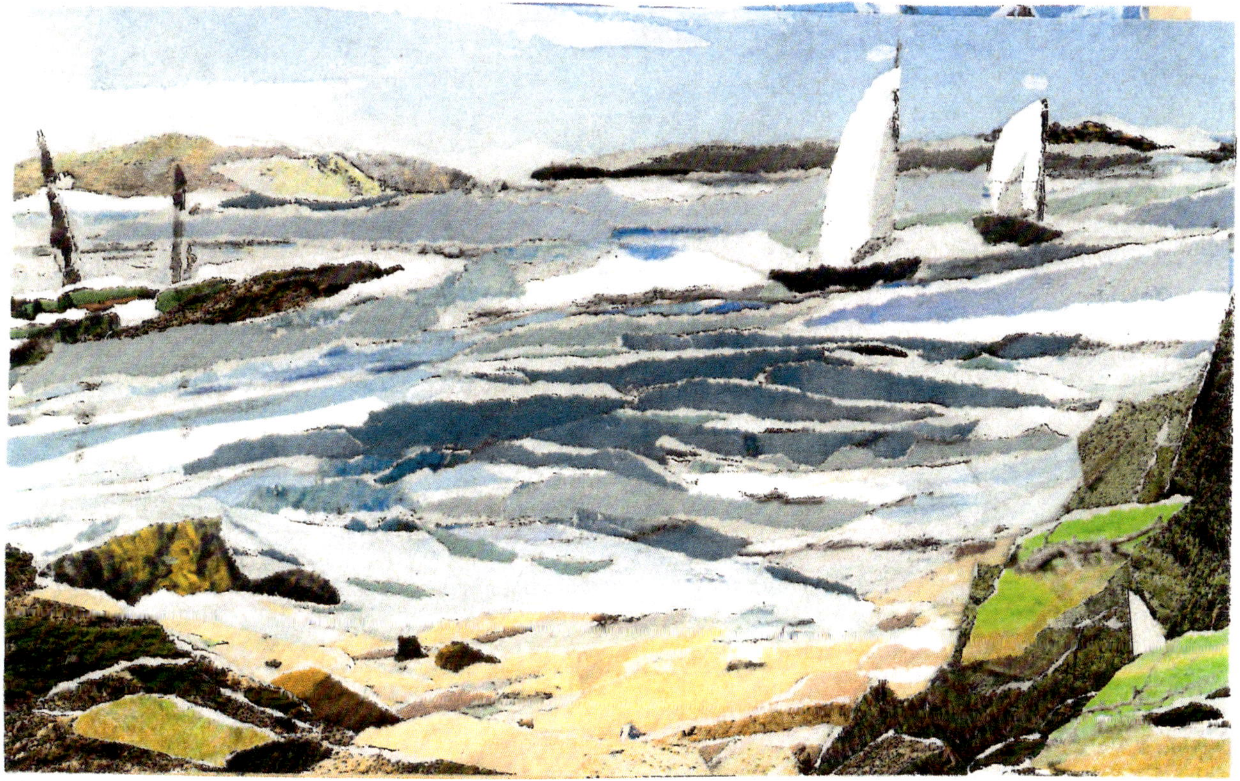

# *Bonifatius-Kirche*

*Arle, evangelisch-lutherisch*

| | |
|---|---|
| Erbaut | Um 1200 |
| Besonderheit | Geschnitzter Flügelaltar und Sakramentshaus aus der Spätgotik; Glockenturm von 1887 |

## *Orgel*

| | |
|---|---|
| Bauzeit | 1799 |
| Bedeutung | Regional |
| Erbauer | H. J. Müller und J. G. Rohlfs |

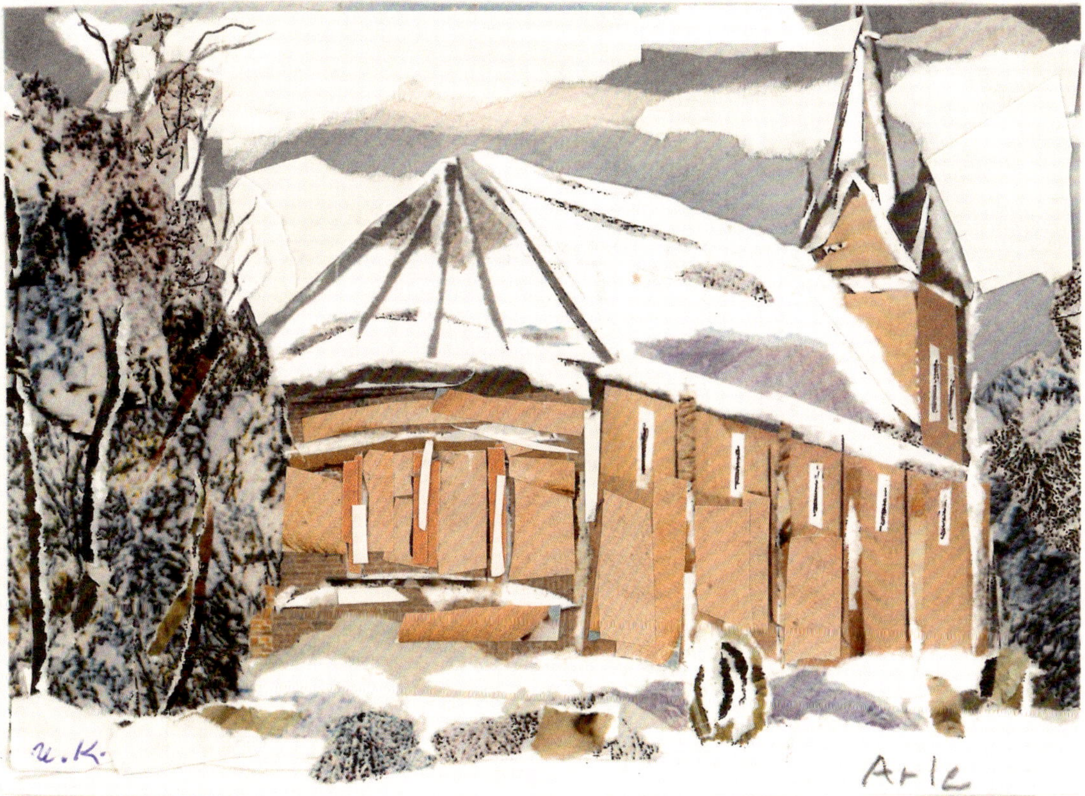
u. K.
Arle

# *Alte Inselkirche*

*Baltrum, evangelisch-lutherisch*

| | |
|---|---|
| Erbaut | 1826 |
| Besonderheit | Nutzung für Kasualien und kulturelle Veranstaltungen; Glockenstuhl gilt als Inselwahrzeichen |

*Orgel*

| | |
|---|---|
| Bauzeit | 1950 |
| Erbauer | H. Hillebrand |

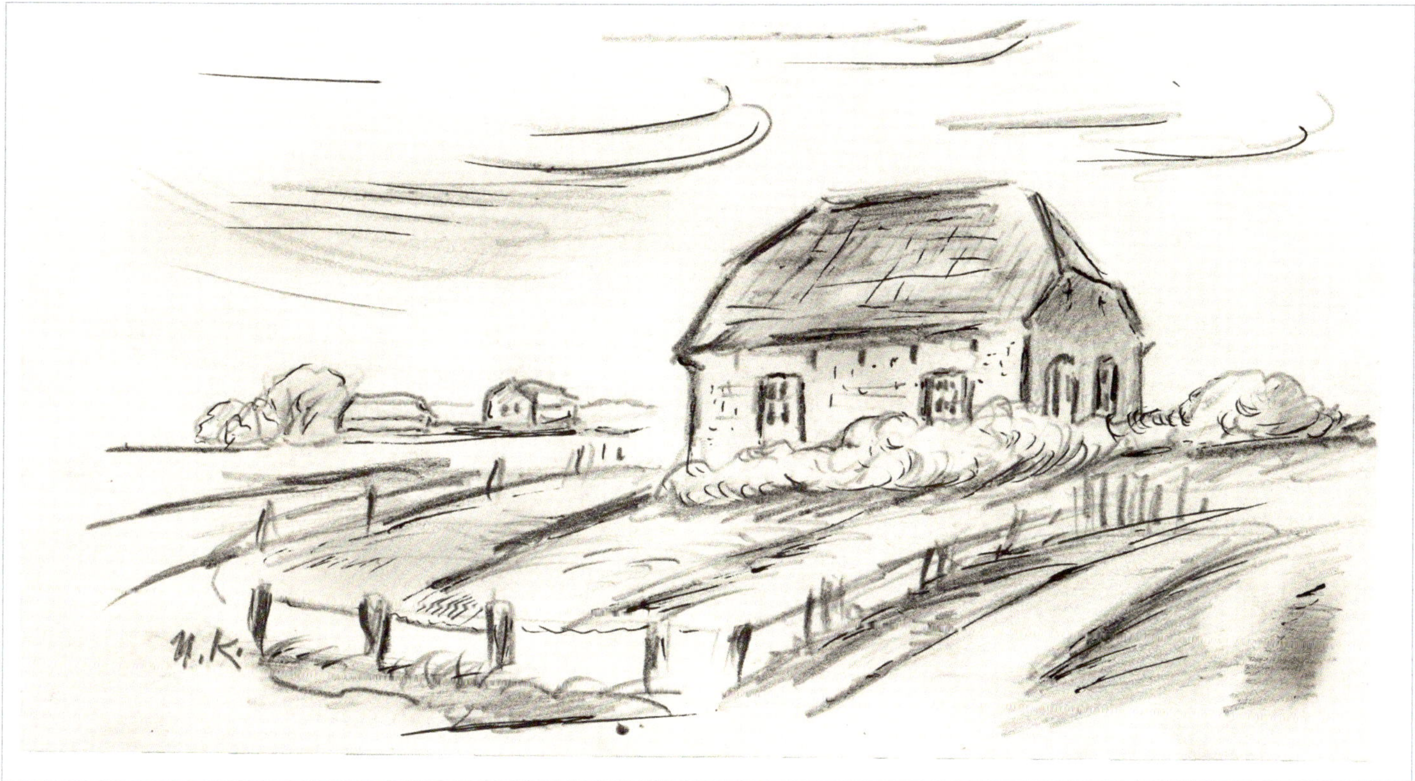

# *Inselkirche*

*Baltrum, evangelisch-lutherisch*

| | |
|---|---|
| Erbaut | 1929/1930 |

*Orgel*

| | |
|---|---|
| Bauzeit | 1961 |
| Erbauer | A. Führer |

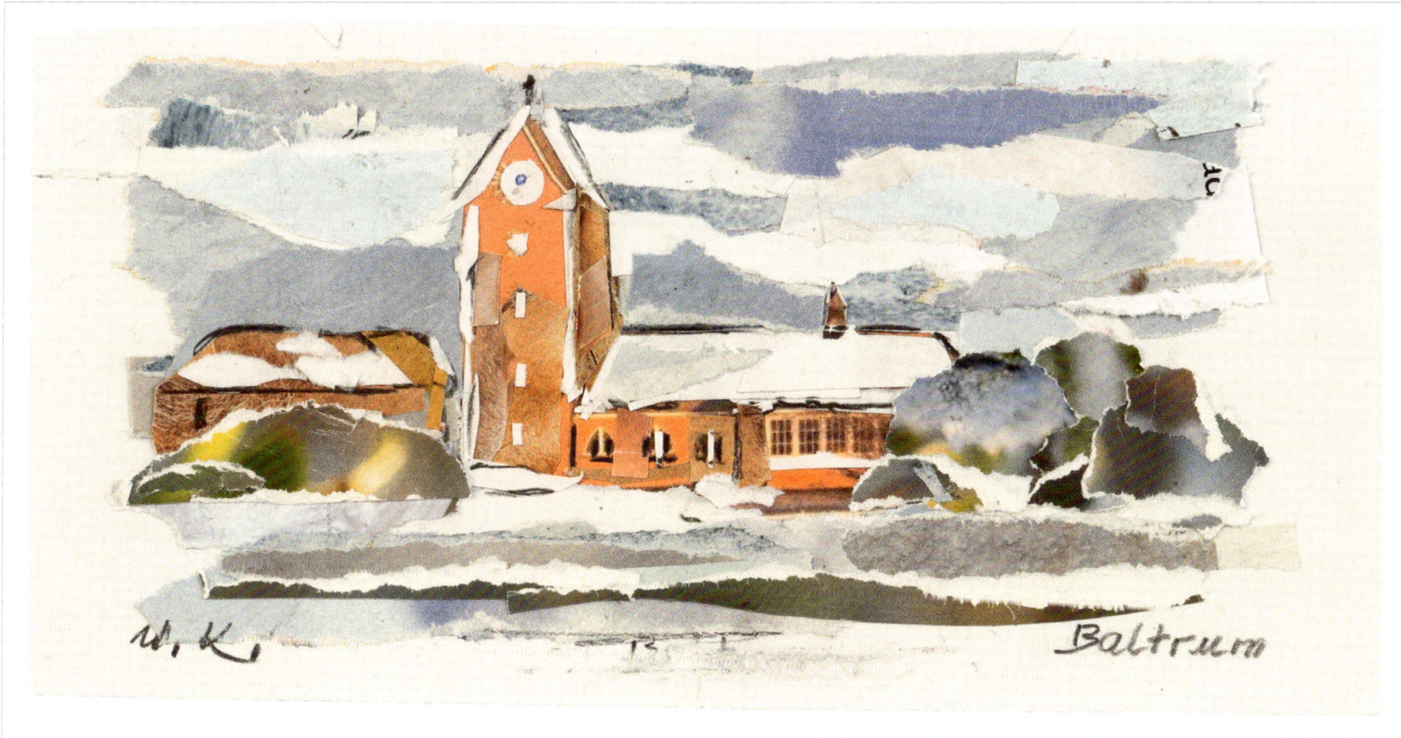
W. K.
Baltrum

# *Bargeburer Kirche*

*Bargebur, evangelisch*

| | |
|---|---|
| Erbaut | 1684 |
| Besonderheit | Erbaut gegen massiven Widerstand Norder Lutheraner;<br>Prieche und Erbbegräbnis der Familie zu Inn- und Knyphausen |

*Orgel*

| | |
|---|---|
| Bauzeit | 1864 |
| Erbauer | W. Beckmann |

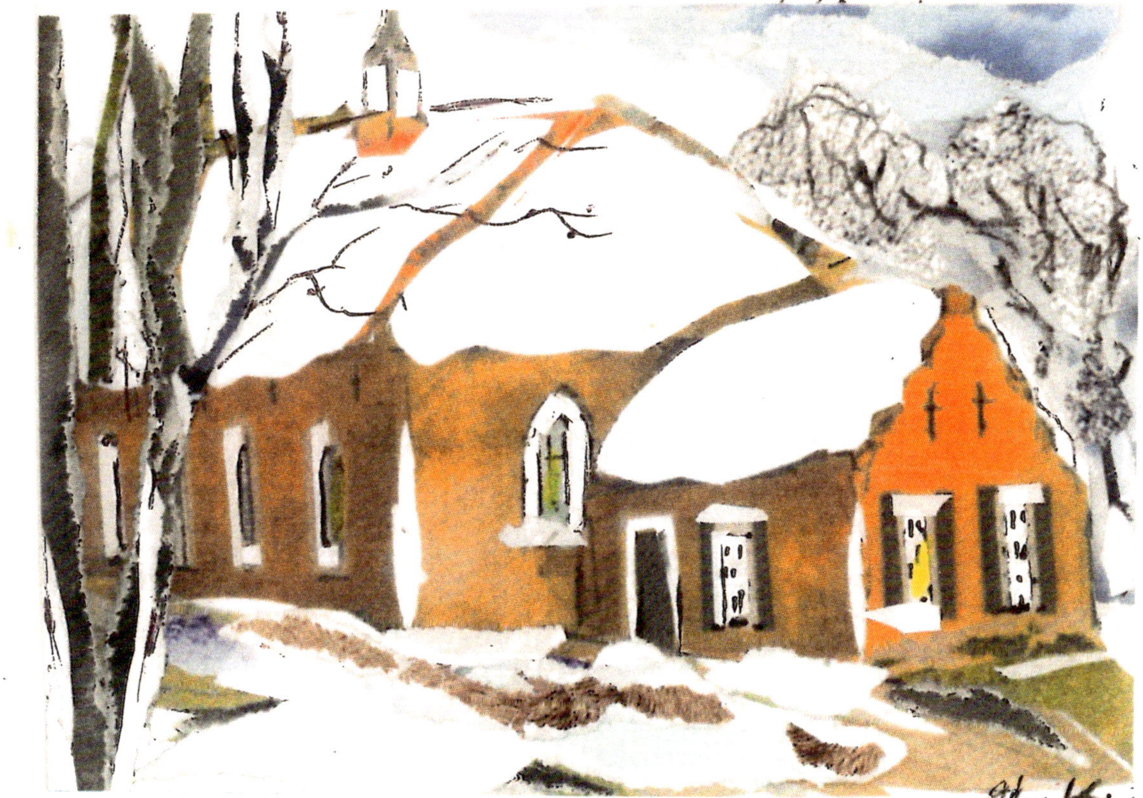

# *Berumerfehner Kirche*

*Berumerfehn, evangelisch-lutherisch*

| | |
|---|---|
| Erbaut | 1895 |
| Besonderheit | Erbaut für die Bewohner der neuen Fehnkolonie; 1960 Anbau Glockenturm |

*Orgel*

| | |
|---|---|
| Bauzeit | 1959/1960 |
| Erbauer | A. Führer |

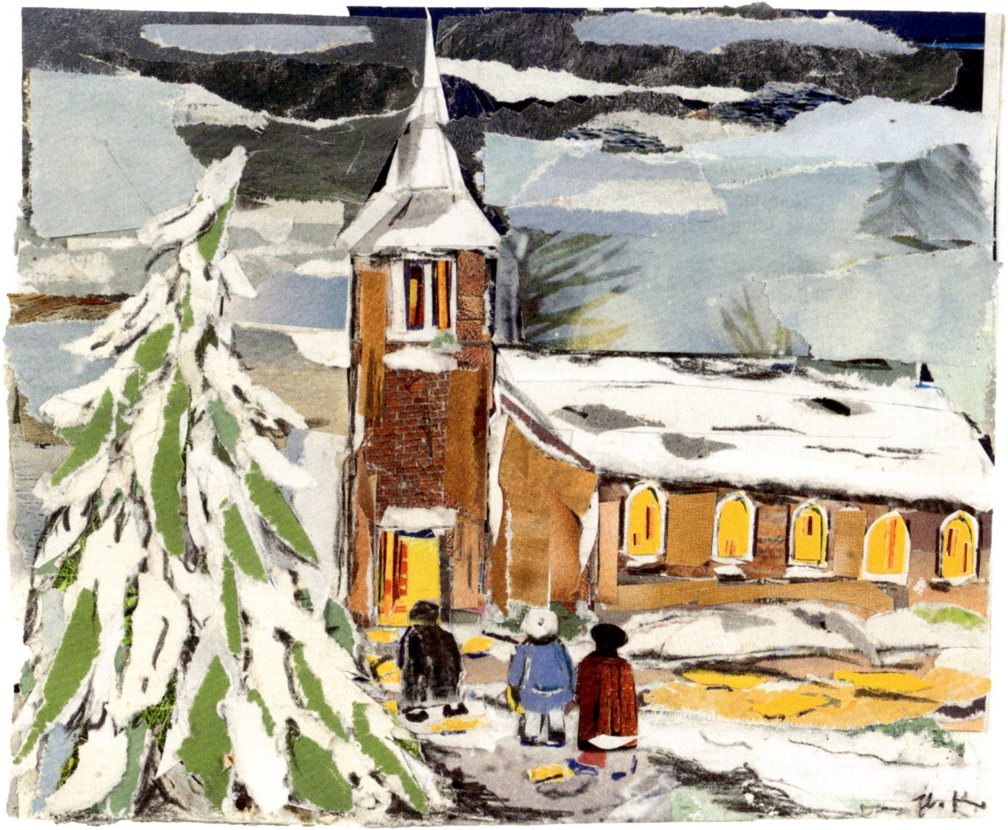

# *Reformierte Kirche*

*Campen, evangelisch-reformiert*

| | |
|---|---|
| Erbaut | Ende 13. Jahrhundert |
| Besonderheit | Freistehender Turm mit einer der ältesten Glocken Ostfrieslands von 1295; mittelalterliche Malereien im Domikalgewölbe |

*Orgel*

| | |
|---|---|
| Bauzeit | 1835 |
| Bedeutung | Lokal |
| Erbauer | Unbekannt |

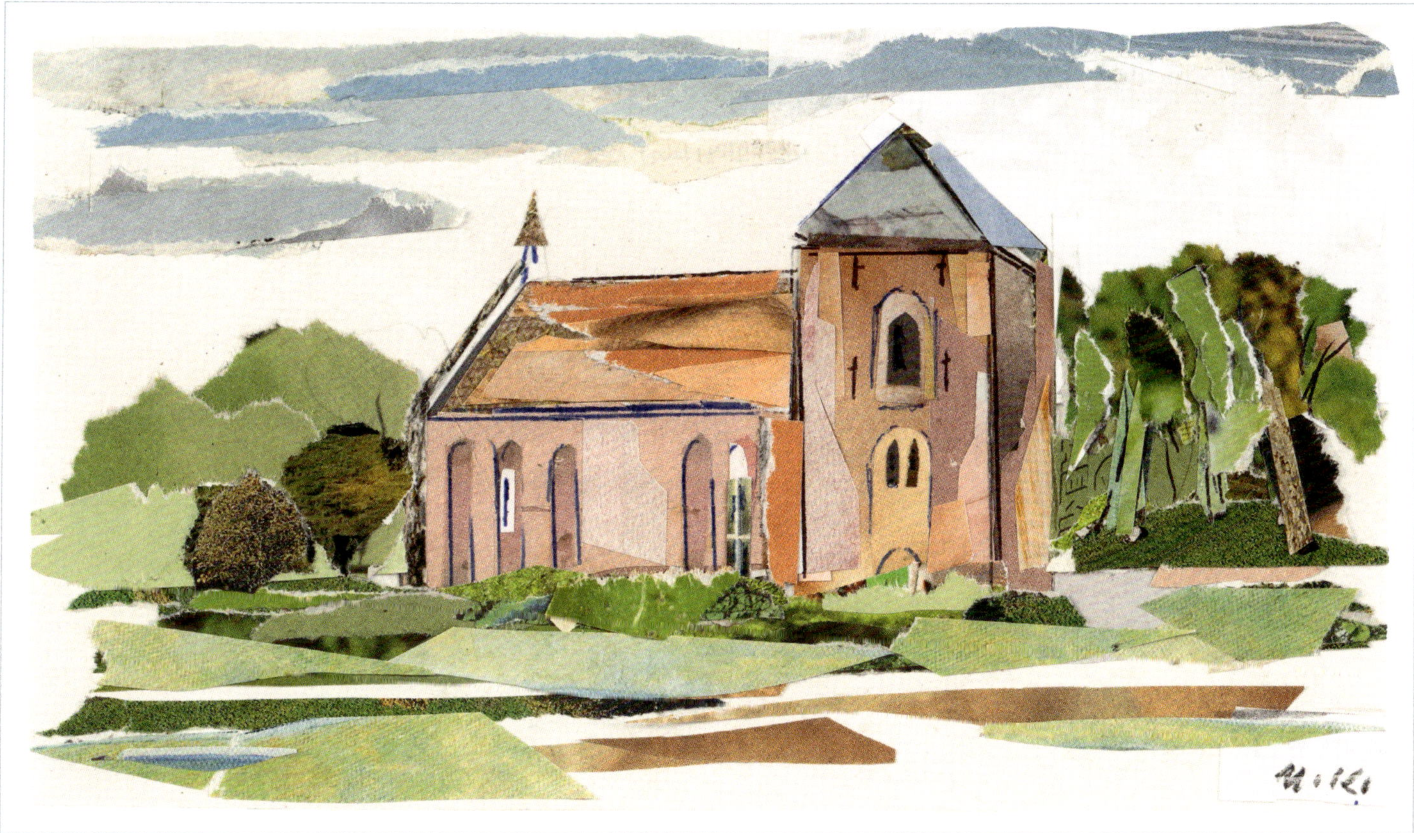

# *St.-Bartholomäus-Kirche*

*Dornum, evangelisch-lutherisch*

| | |
|---|---|
| Erbaut | 1270/1290 |
| Besonderheit | Freistehender Glockenturm (13. Jh.); prächtige Ausstattung sowie Grablege derer von Closter |

*Orgel*

| | |
|---|---|
| Bauzeit | 1710/1711 |
| Bedeutung | Europäisch |
| Erbauer | G. von Holy |

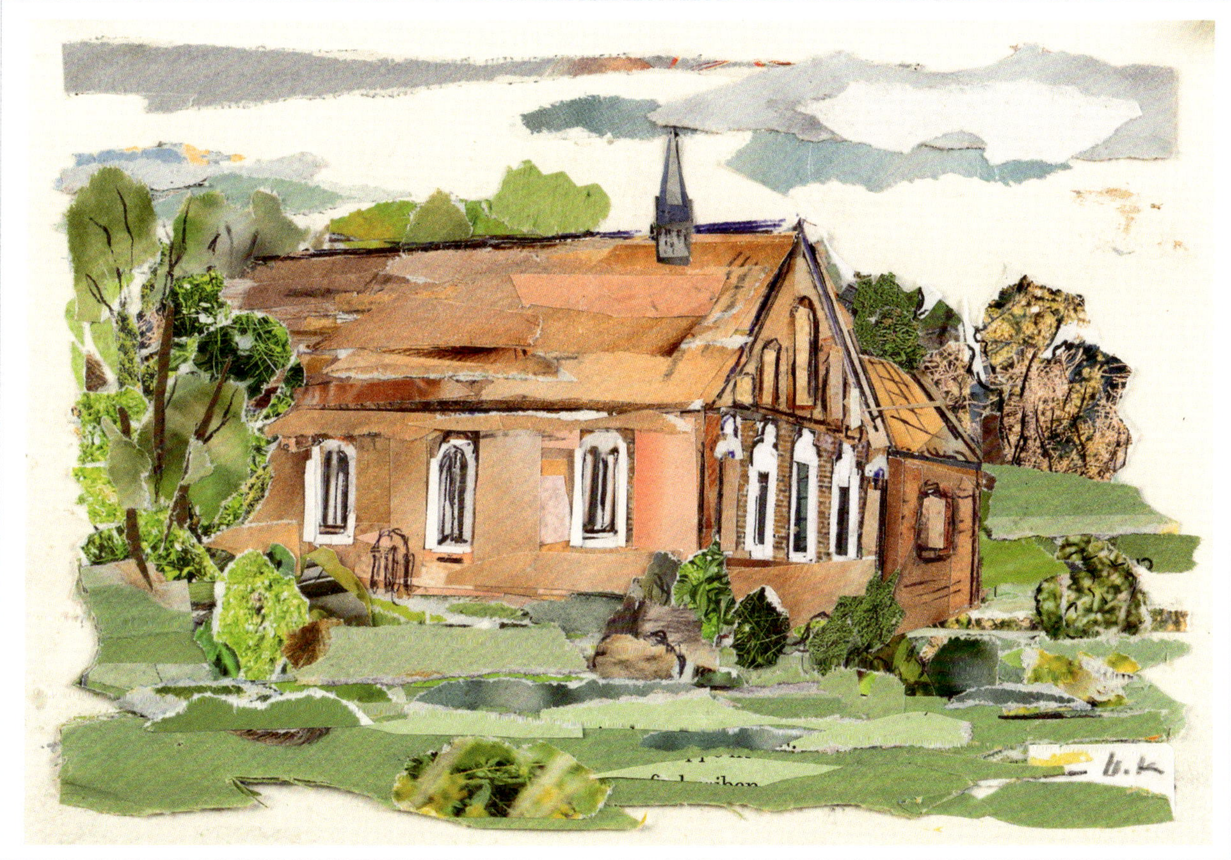

# *St. Johannes der Täufer*

*Engerhafe, evangelisch-lutherisch*

| | |
|---|---|
| Erbaut | 1260/1290 |
| Besonderheit | Mit einst 60 Metern fast doppelt so lang wie heute; freistehender Glockenturm (13. Jh.); 1775 Einsturz der Gewölbe; Kanzel von 1636; Bronzetaufe von 1646; Altar von 1698 |

## *Orgel*

| | |
|---|---|
| Bauzeit | 1971/1973; Prospekt von 1774/1776 |
| Erbauer | Gebr. Hillebrand |

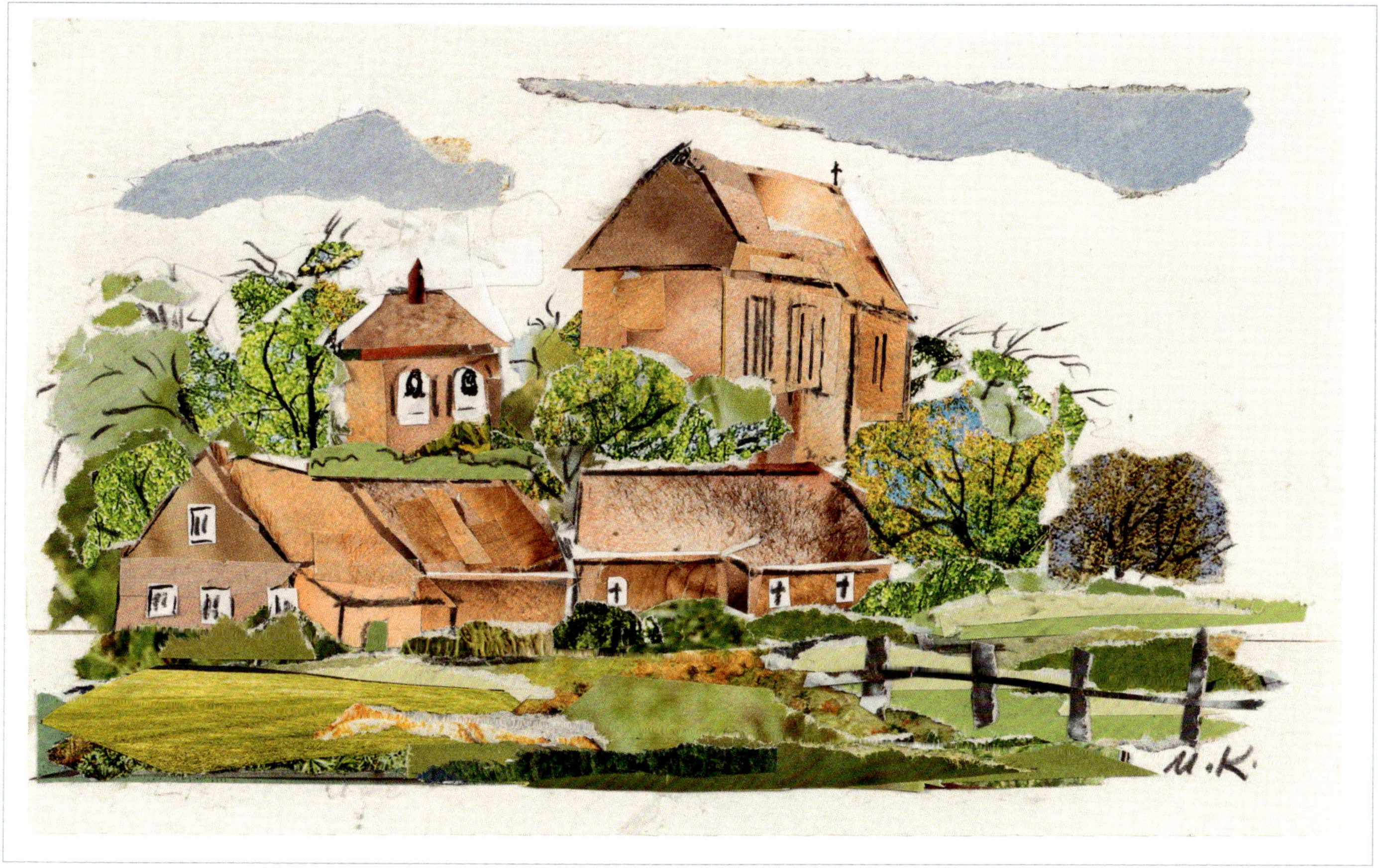
M.K.

# *Greetsieler Kirche*

*Greetsiel, evangelisch-reformiert*

| | |
|---|---|
| Erbaut | 1380/1410 |
| Besonderheit | Kanzel von 1669; Cirksena/Wasa-Wappen über dem Eingang |

*Orgel*

| | |
|---|---|
| Bauzeit | 1960; Prospekt von 1738 |
| Erbauer | K. Schuke Berliner Orgelbauwerkstatt |

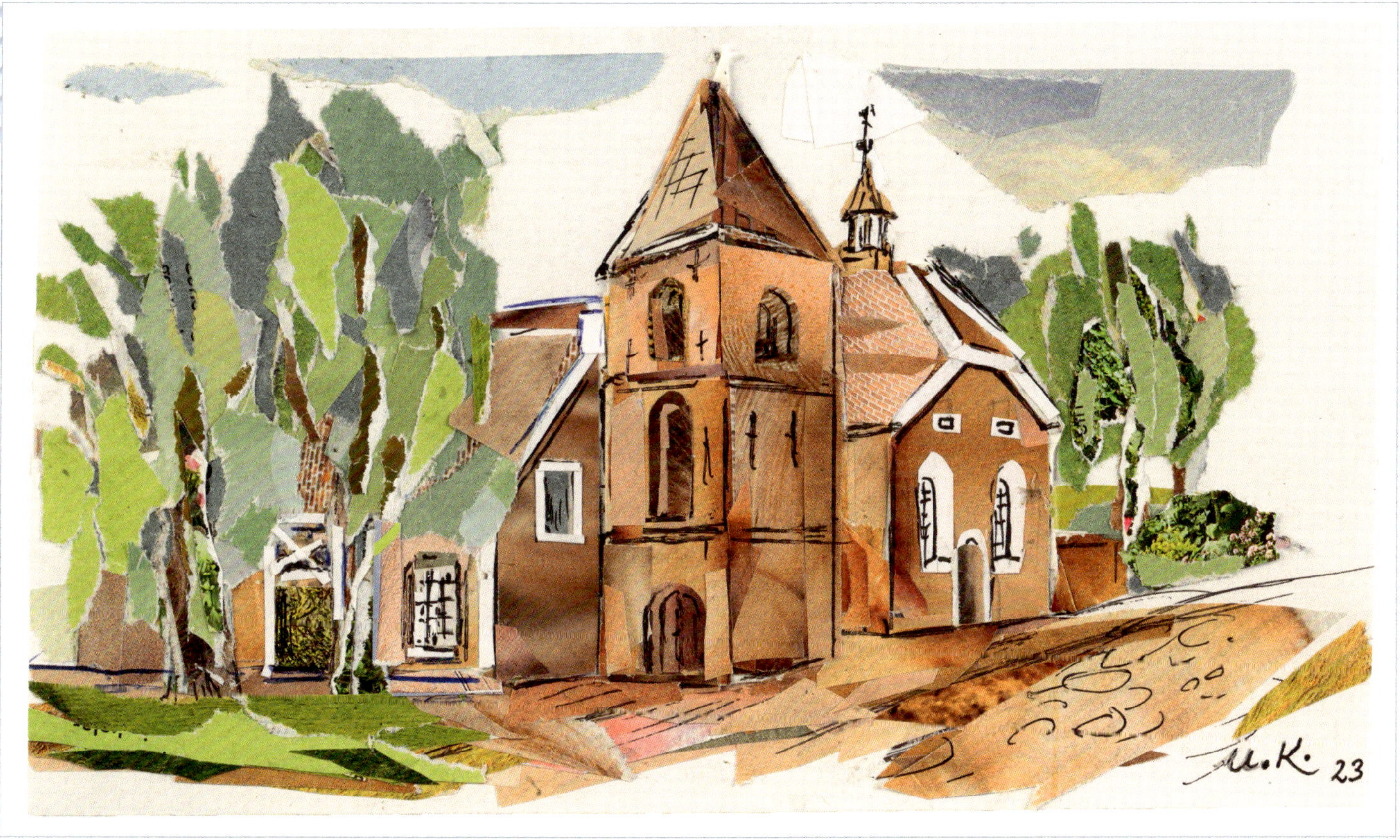
M.K. 23

# *Groothuser Kirche*

## *Groothusen, evangelisch-reformiert*

| | |
|---|---|
| Erbaut | Um 1425 |
| Besonderheit | Turm von 1225; sandsteinumfasste Turmuhr mit Wappen von 1599; älteste Bronzetaufe Ostfrieslands von 1454 |

### *Orgel*

| | |
|---|---|
| Bauzeit | 1798/1801 |
| Bedeutung | Überregional |
| Erbauer | J. Fr. Wenthin |

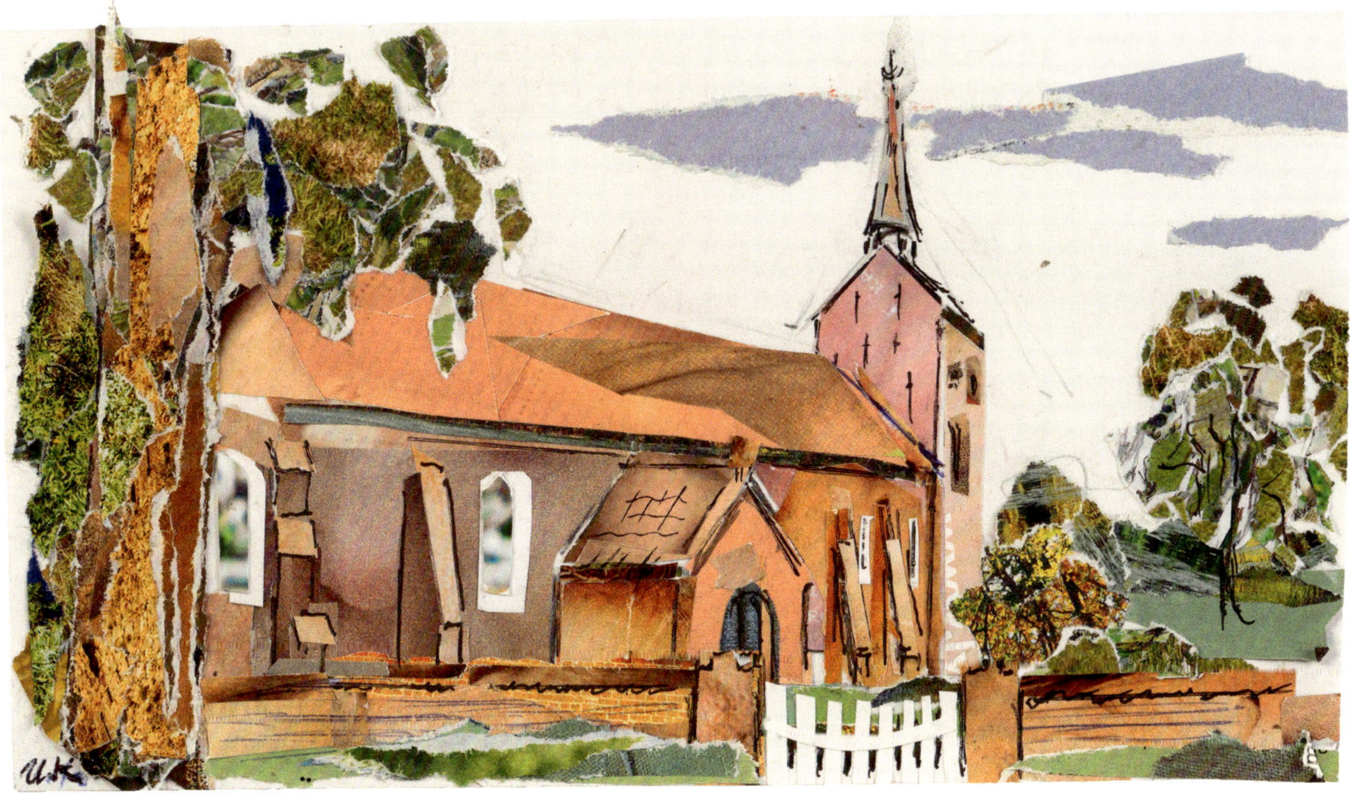

# *St.-Ansgari-Kirche*

*Hage, evangelisch-lutherisch*

| | |
|---|---|
| Erbaut | 1220/1240 |
| Besonderheit | Wuchtiger Westturm (vor 1250); Taufstein (13. Jh.); Altar um 1480; Levitenstuhl um 1500 |

*Orgel*

| | |
|---|---|
| Bauzeit | 1776/1783 |
| Bedeutung | Regional |
| Erbauer | D. Lohmann |

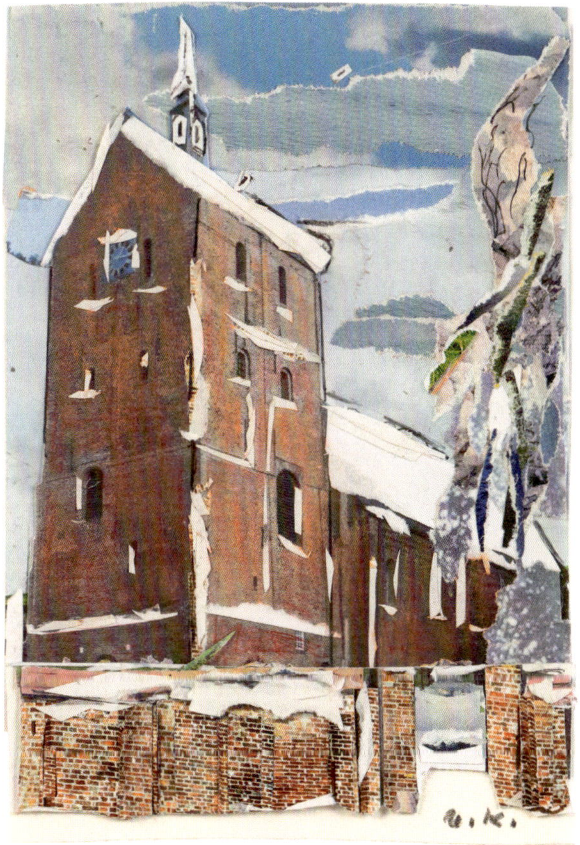

# *St.-Maria-Kirche*

*Hamswehrum, evangelisch-reformiert*

| | |
|---|---|
| Erbaut | 1968 |
| Besonderheit | 1967 Abbruch der Kirche (15. Jh.), kleiner Glockenturm erhalten |

*Orgel*

| | |
|---|---|
| Bauzeit | 1969 |
| Erbauer | J. Reil |

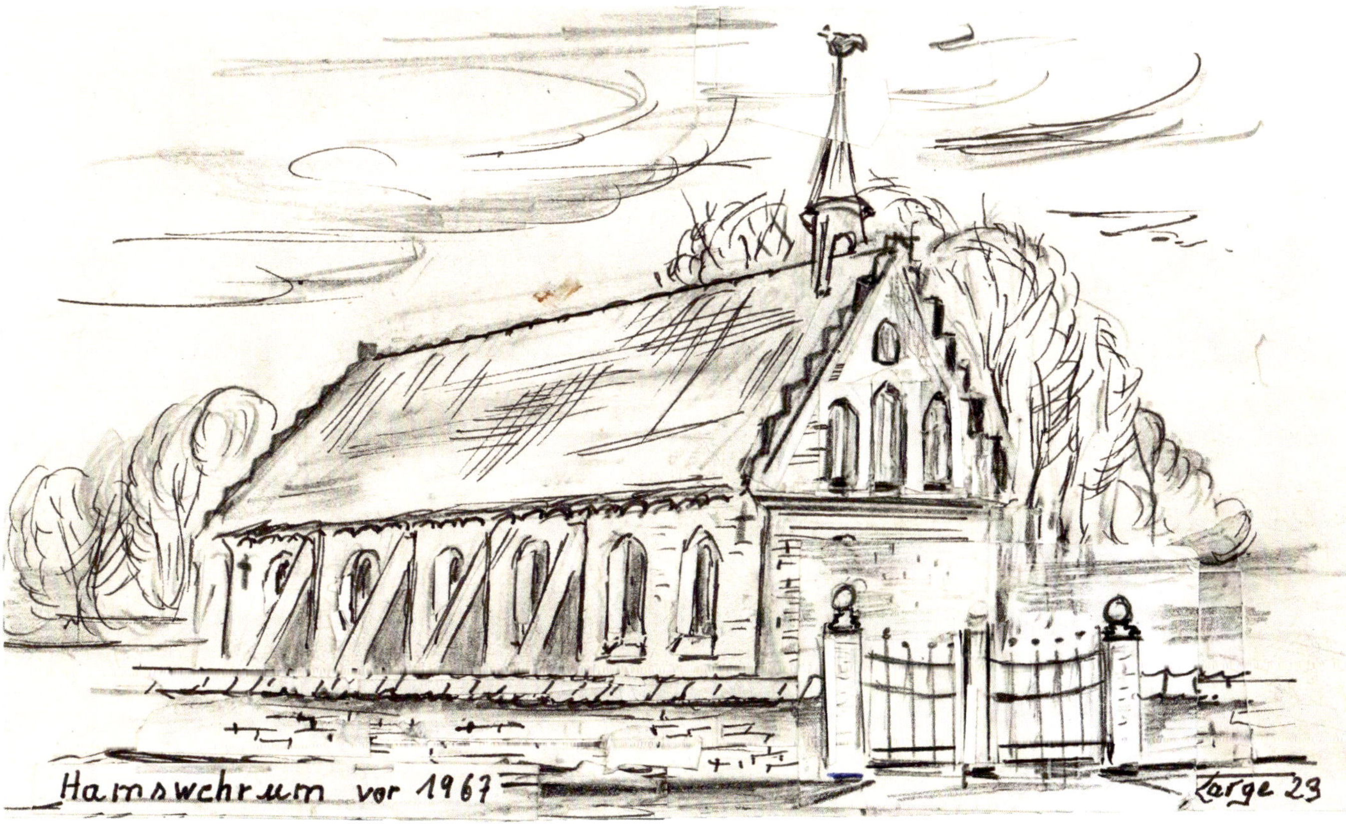
Hamswehrum vor 1967
Large 23

# *Ev.-ref. Kirche Hinte*

*Hinte, evangelisch-reformiert*

| | |
|---|---|
| Erbaut | Ende 15. Jahrhundert |
| Besonderheit | Bedeutendes Kirchenbauwerk der Spätgotik; Glockenturm (13. Jh.); einzigartiges Ensemble mit Burg Hinta |

*Orgel*

| | |
|---|---|
| Bauzeit | 1958; Prospekt von 1780 |
| Erbauer | Ahrend & Brunzema |

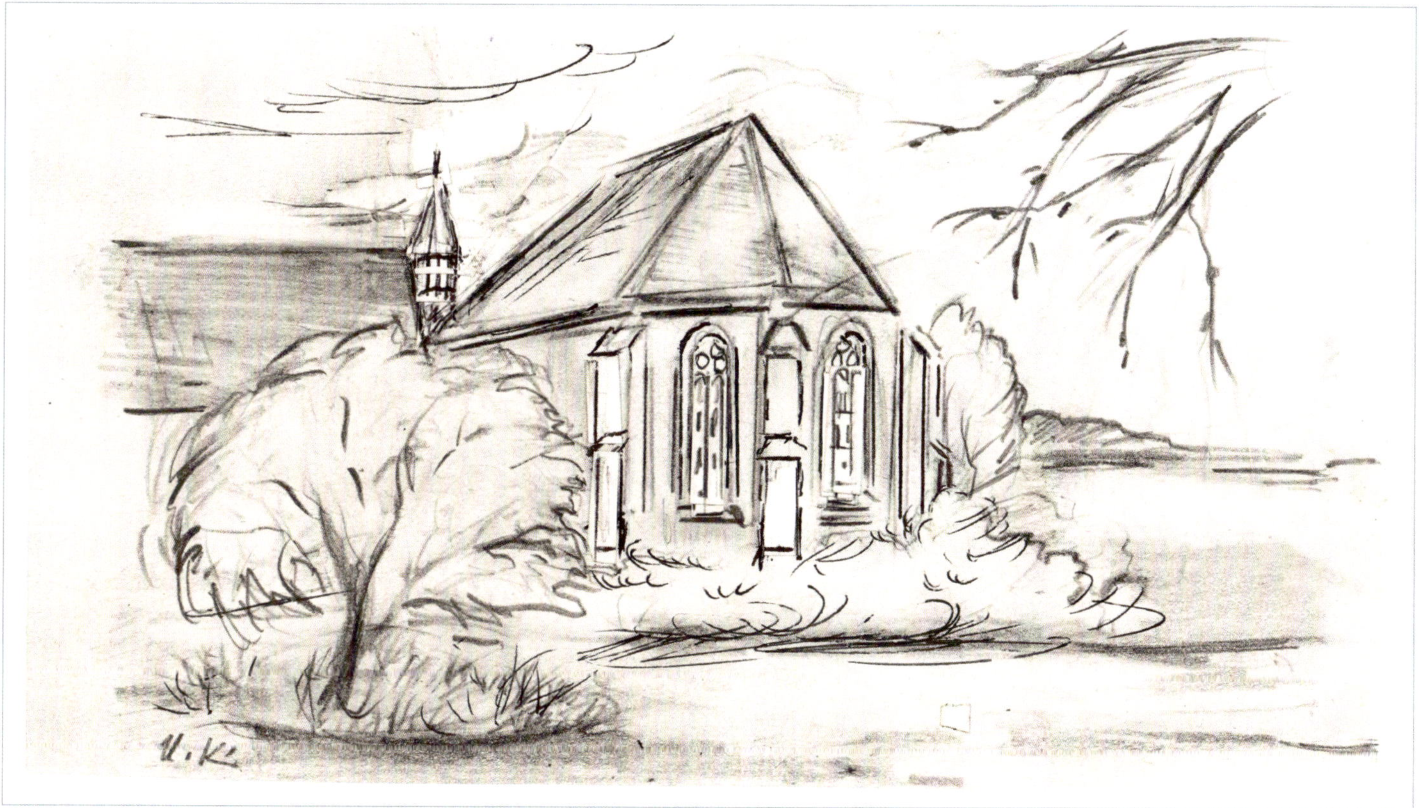

# *Jennelter Kirche*

*Jennelt, evangelisch-reformiert*

| | |
|---|---|
| Erbaut | 2. Hälfte 13. Jahrhundert |
| Besonderheit | Gruft der Familie zu Inn- und Knyphausen mit Prunksarg von Occa Johanna von Ripperda (1619–1686), Oberhofmeisterin am schwedischen Königshof |

*Orgel*

| | |
|---|---|
| Bauzeit | 1738 |
| Bedeutung | Überregional |
| Erbauer | J. F. Constapel |

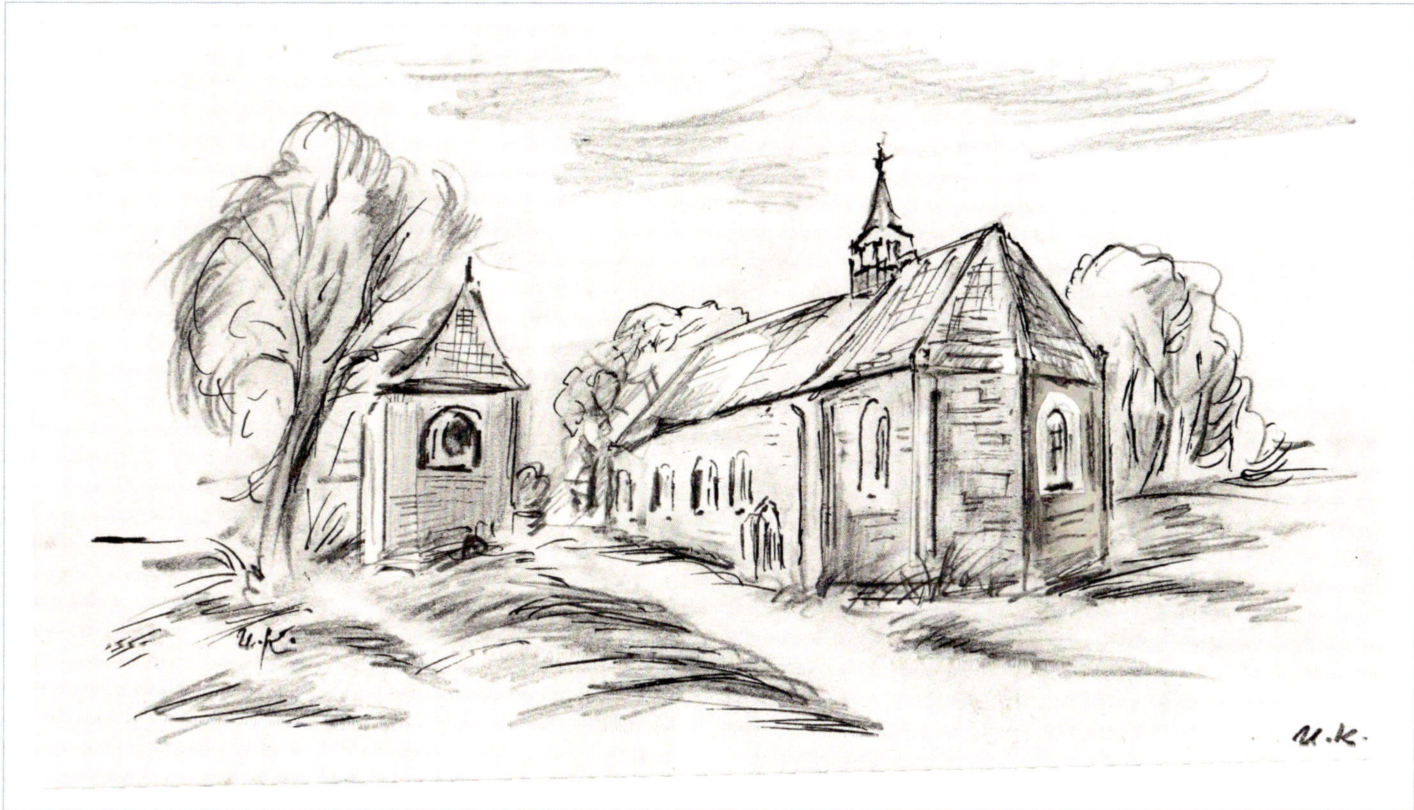
U.K.
U.K.

# *Inselkirche*

*Juist, evangelisch-lutherisch*

| | |
|---|---|
| Erbaut | 1964 |
| Besonderheit | Fünf Vorgängerbauten, vier durch Sturmfluten zerstört; erstes Gotteshaus entstand um 1400 |

*Orgel*

| | |
|---|---|
| Bauzeit | 1968 |
| Erbauer | A. Führer |

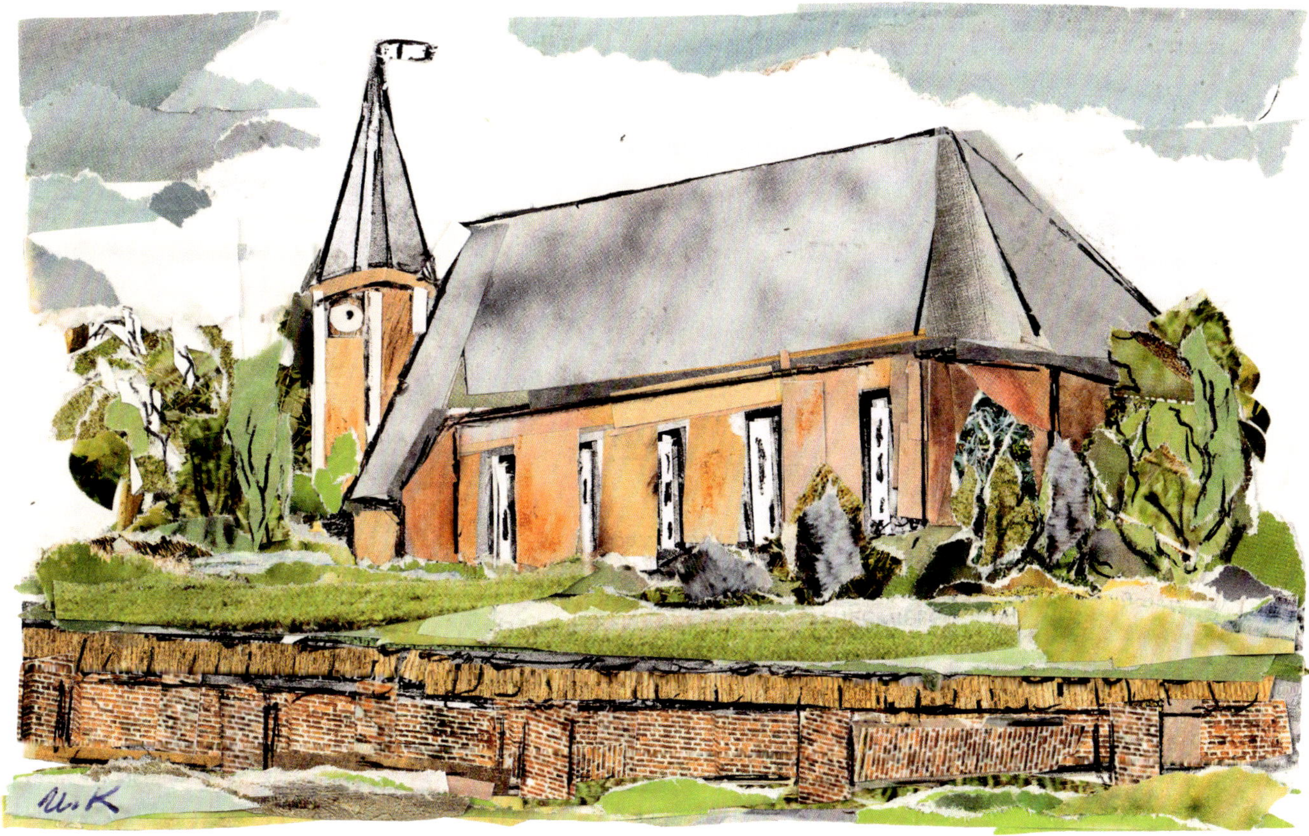

# *Inselkirche*

*Langeoog, evangelisch-lutherisch*

| | |
|---|---|
| Erbaut | 1888/1890 |
| Besonderheit | Fünfter Kirchenbau ersetzte kleineren Vorgängerbau von 1859; Altarbild von 1989, Künstler Hermann Buß (Leer) |

*Orgel*

| | |
|---|---|
| Bauzeit | 1992 |
| Erbauer | A. Führer |

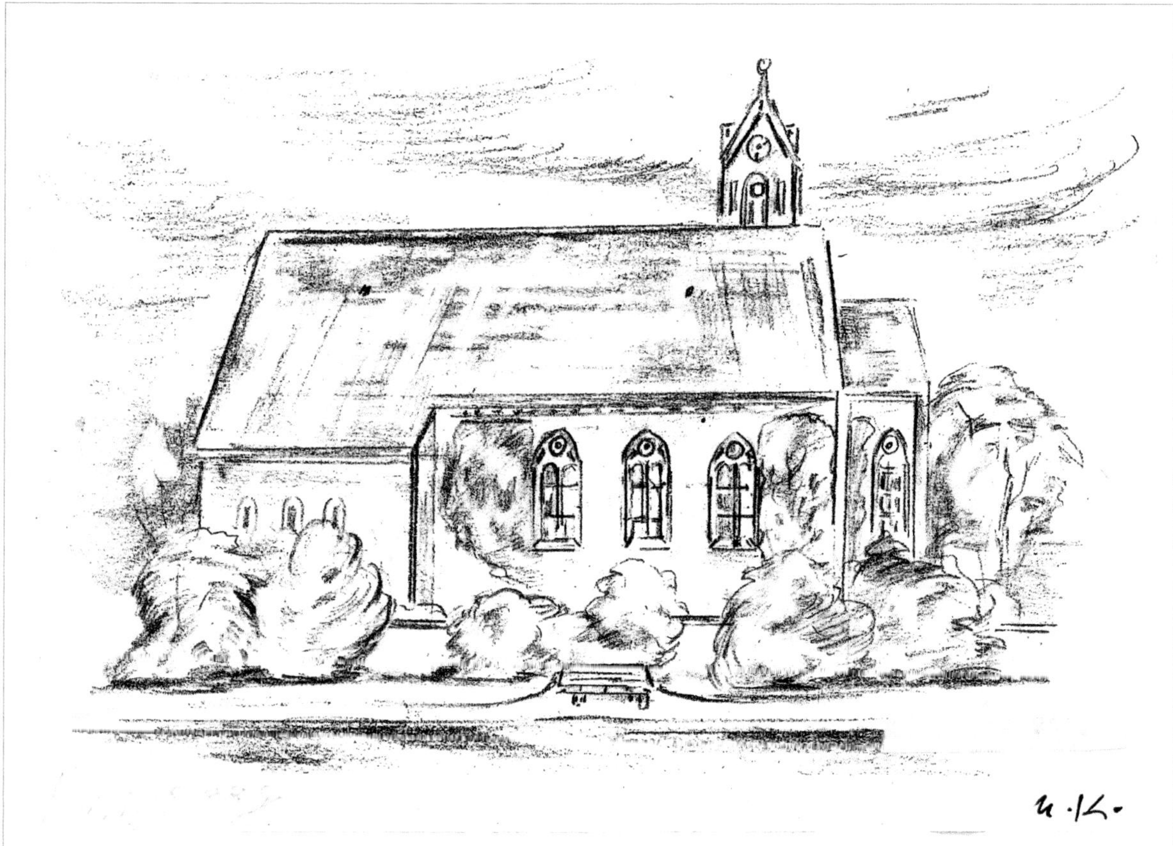

# *Martin-Luther-Kirche*

*Leybucht, ökumenisch*

| | |
|---|---|
| Erbaut | 1969 |
| Besonderheit | Die Kirchengemeinde Leybucht bildete sich 1952 aus den Orten Leybuchtpolder, Sommerpolder und Neuwesteel; ökumenische Zusammenarbeit von reformierten und lutherischen Christen; seit 2020 Dorfgemeinschaftshaus „Lüttje Kark" |

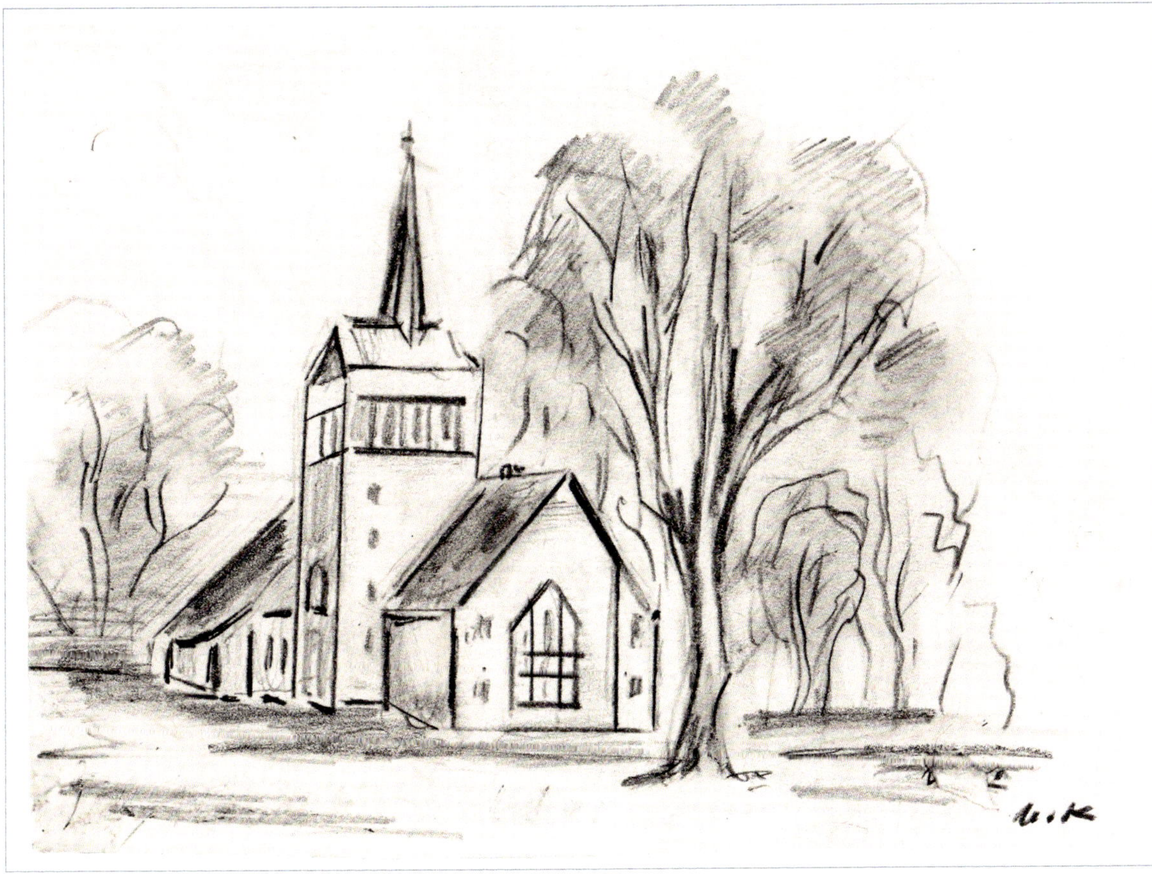

# *Marienkirche*

*Marienhafe, evangelisch-lutherisch*

| | |
|---|---|
| Erbaut | 1240/1260 |
| Besonderheit | Bis zum Teilabbruch 1829 größter Sakralbau Ostfrieslands; der Sage nach Unterschlupf Klaus Störtebekers (um 1396); Turmmuseum |

*Orgel*

| | |
|---|---|
| Bauzeit | 1710/1713 |
| Bedeutung | Europäisch |
| Erbauer | G. von Holy |

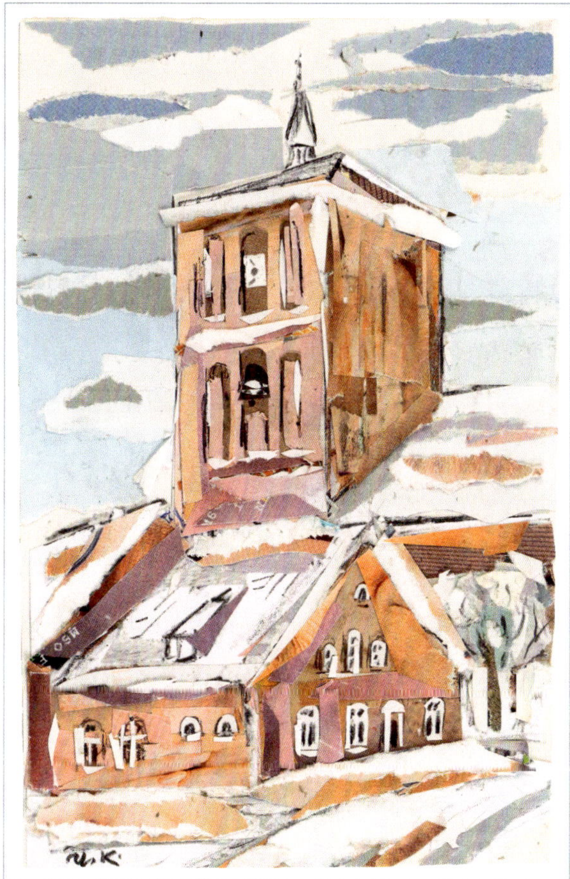

# St.-Marien-Kirche

*Nesse, evangelisch-lutherisch*

| | |
|---|---|
| Erbaut | Um 1200 |
| Besonderheit | Westseite aus Tuffstein; Taufstein (13. Jh., Original im Ostfriesischen Landesmuseum Emden); steinerner Lettner (15. Jh.); Ensemble mit Steinhaus |

*Orgel*

| | |
|---|---|
| Bauzeit | 1986/1988; Prospekt von 1862 |
| Erbauer | Geb. Hillebrand |

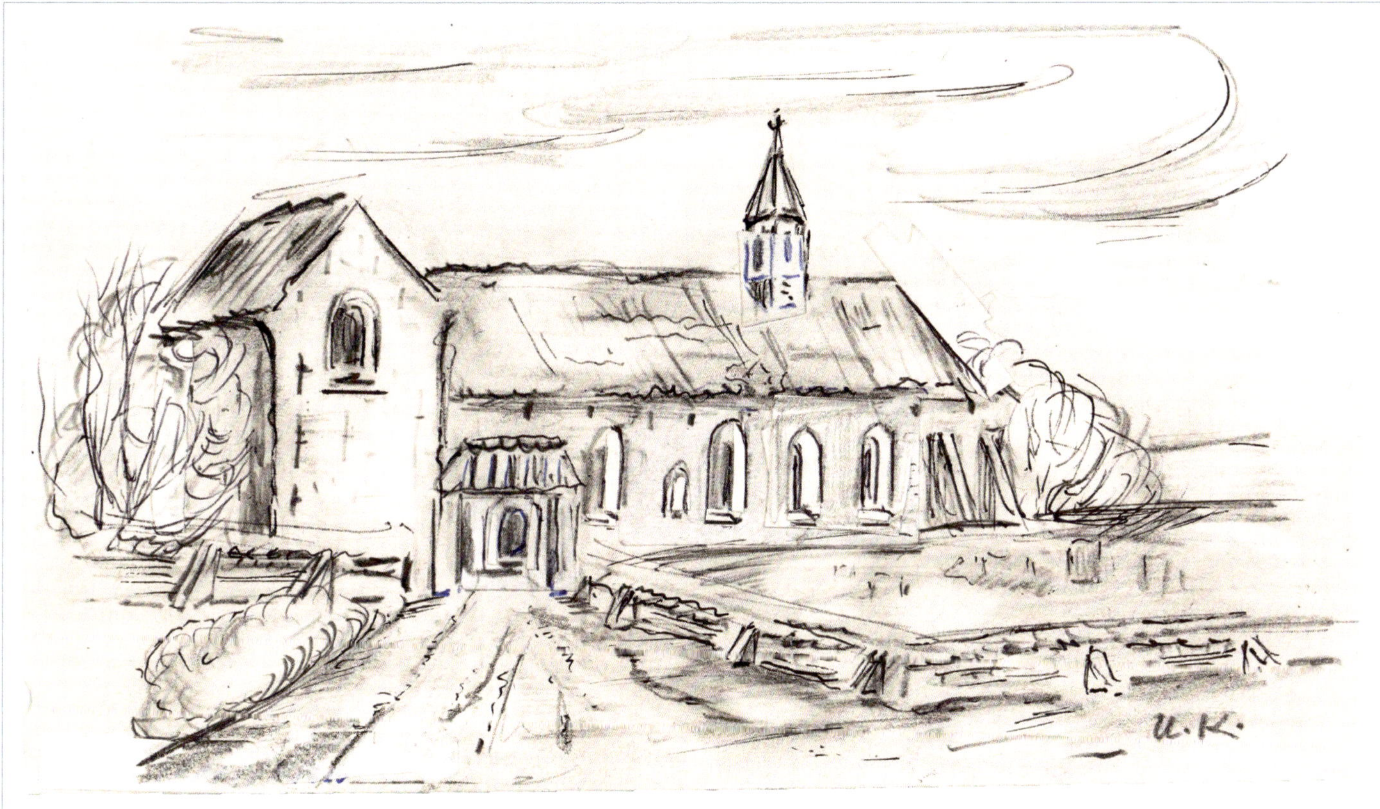
U.K.

# *Andreas-Gemeindezentrum*

*Norden, evangelisch-lutherisch*

Erbaut 1996

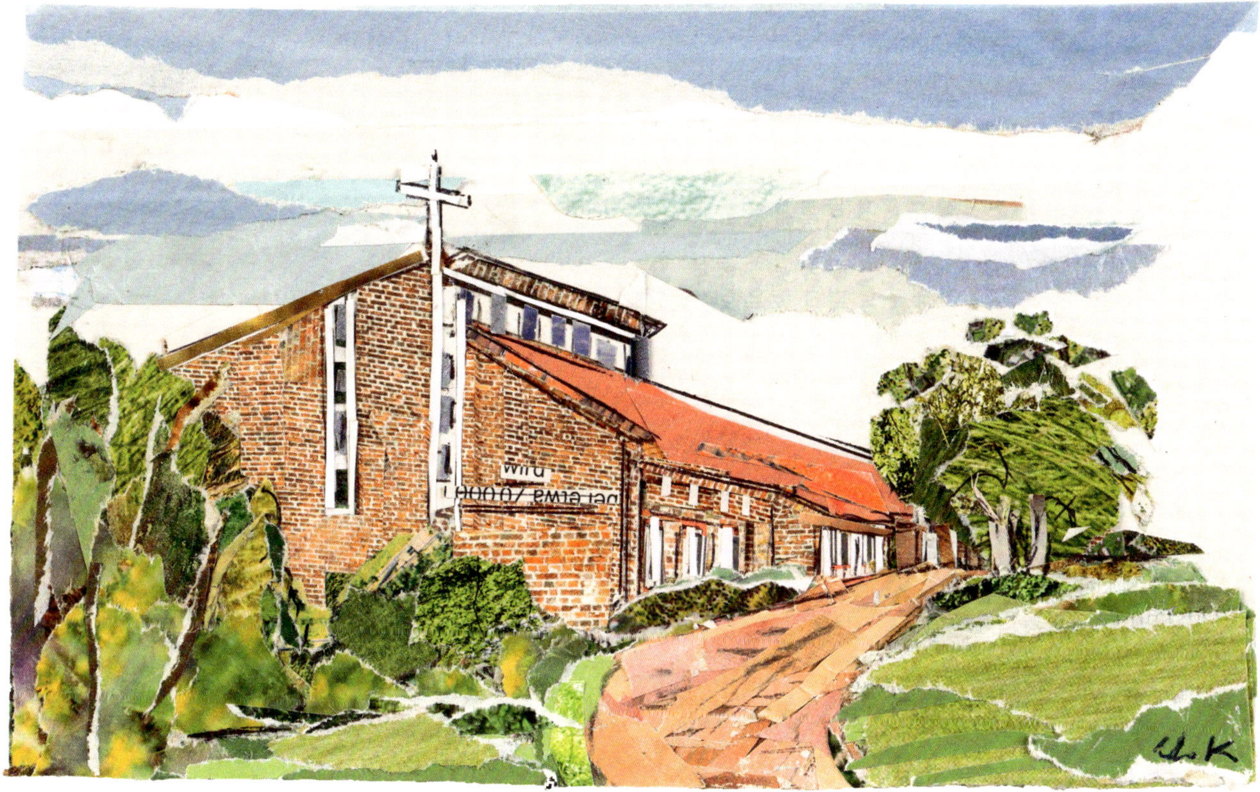
wird

# *Ludgeri*

*Norden, evangelisch-lutherisch*

| | |
|---|---|
| Erbaut | 13. Jahrhundert/15. Jahrhundert |
| Besonderheit | Größter mittelalterlicher Sakralbau Ostfrieslands; reiche Ausstattung; Chorgestühl, Sakramentshaus und Hochaltar (15. Jh.); Epitaph des Unico Manninga |

## *Orgel*

| | |
|---|---|
| Bauzeit | 1686/1688; erweitert 1691/1692 |
| Bedeutung | Europäisch |
| Erbauer | Arp Schnitger |

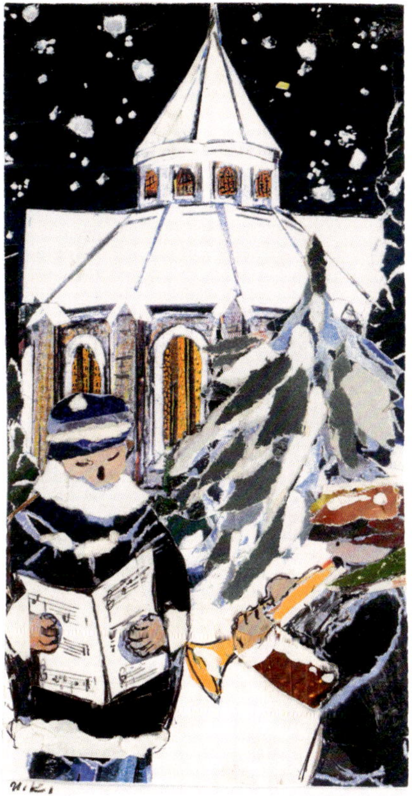

# *Mennonitenkirche*

*Norden*

| | |
|---|---|
| Erbaut | 1662 |
| Besonderheit | Einstiges Patrizierhaus (Kettler'sches Haus), nach Umbauten ab 1795 Kirche der mennonitischen Gemeinde; Innenarchitektur vom Rokkoko geprägt; kleiner Dachturm ohne Geläut |

## *Orgel*

| | |
|---|---|
| Bauzeit | 1900 |
| Erbauer | Gebr. Link |

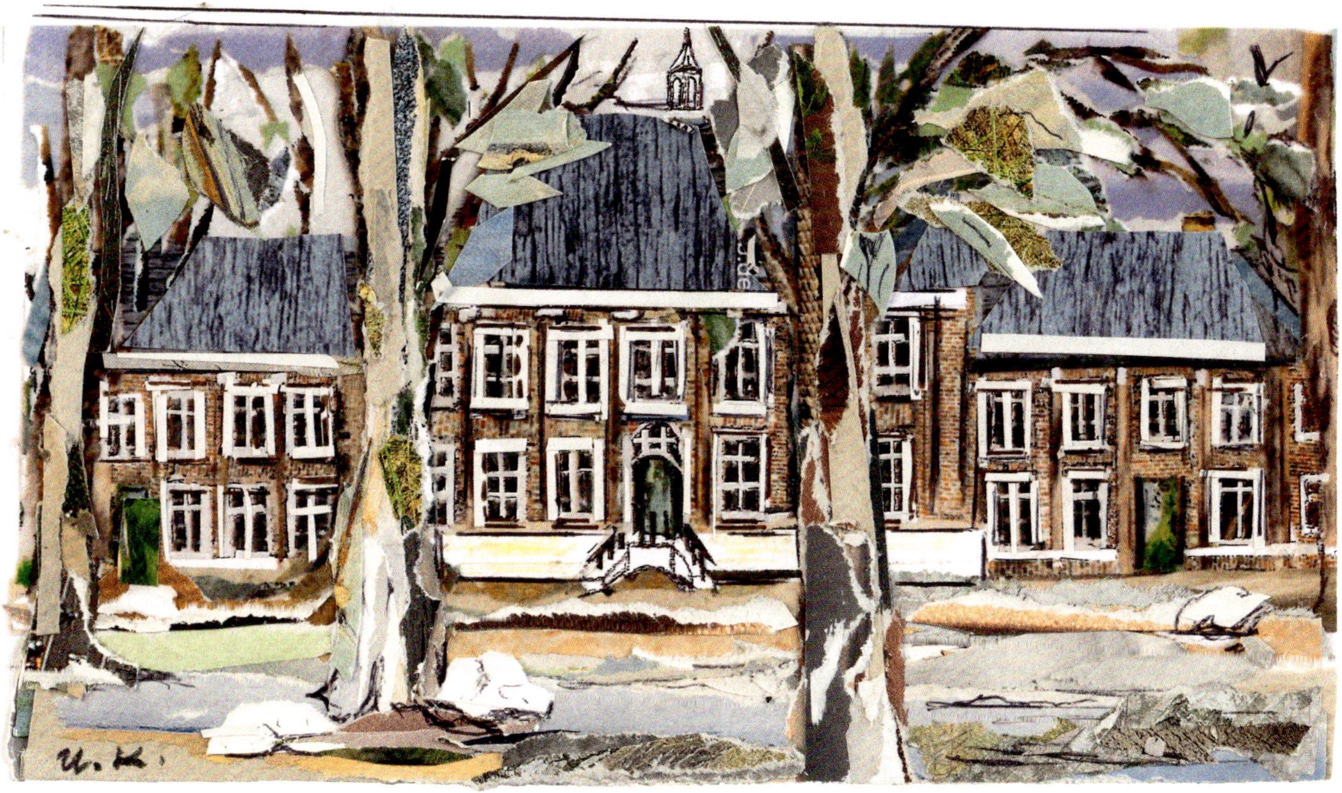

# *St.-Ludergerus-Kirche*

*Norden, katholisch*

| | |
|---|---|
| Erbaut | 1885 |
| Besonderheit | Freie Religionsausübung per Dekret Friedrichs II. ermöglichte 1779 Errichtung kleiner Kapelle; 1864 Bau von Pfarrhaus mit Kapelle |

## *Orgel*

| | |
|---|---|
| Bauzeit | 2007; Prospekt von 1890 |
| Erbauer | Westfälischer Orgelbau S. Sauer |

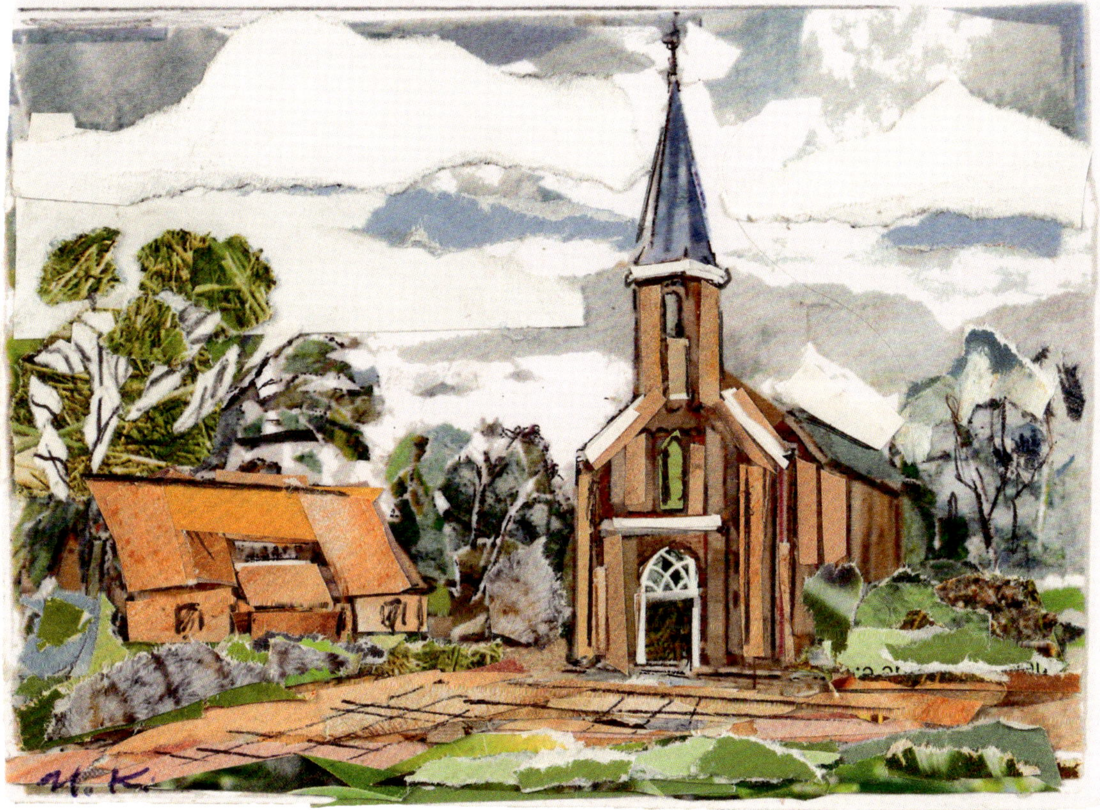

# *Arche*

*Norddeich, evangelisch-lutherisch*

Erbaut 1975

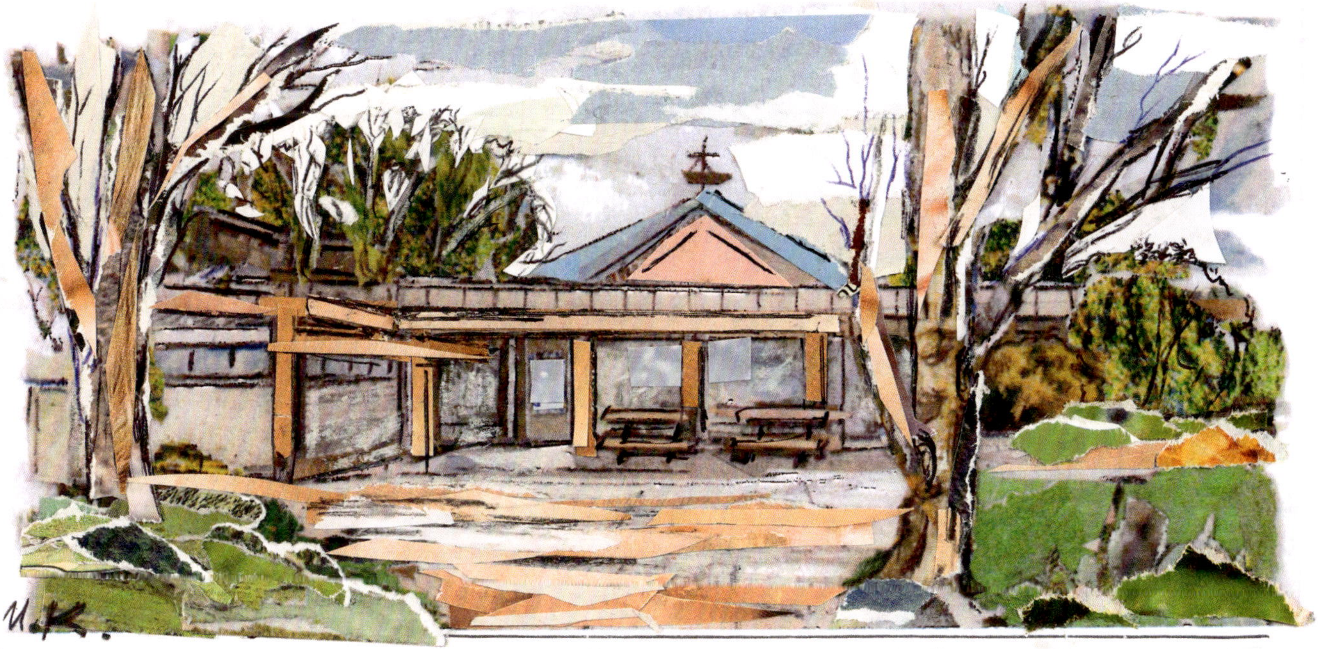

# *Evangelische Inselkirche*

*Norderney, evangelisch-lutherisch*

| | |
|---|---|
| Erbaut | 1879 |
| Besonderheit | Kaiser Wilhelm I. stiftete Baukosten; erste Kirche von 1517; erweitert 1750 |

*Orgel*

| | |
|---|---|
| Bauzeit | 2008 |
| Erbauer | H. D. Kirschner |

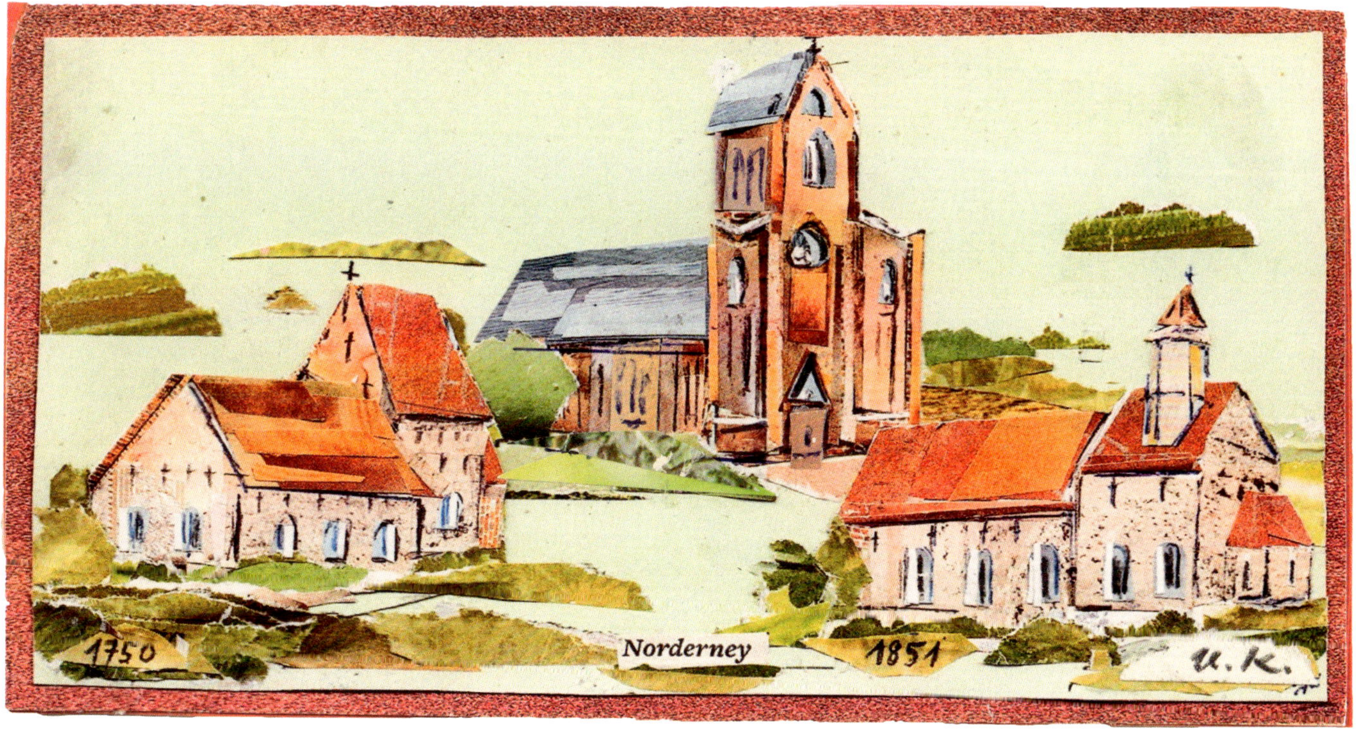
1750
Norderney
1851
U. K.

# *Warnfried-Kirche*

*Osteel, evangelisch-lutherisch*

| | |
|---|---|
| Erbaut | 13. Jahrhundert |
| Besonderheit | 1830 Teilabbruch und Verkürzung;<br>1891 Einbau Kassettendecke und Turmkürzung; Kanzel von 1699;<br>Denkmal für Astronom David Fabricius (1564–1617) |

*Orgel*

| | |
|---|---|
| Bauzeit | 1619 |
| Bedeutung | Europäisch, zweitälteste Orgel Ostrieslands |
| Erbauer | E. Evers |

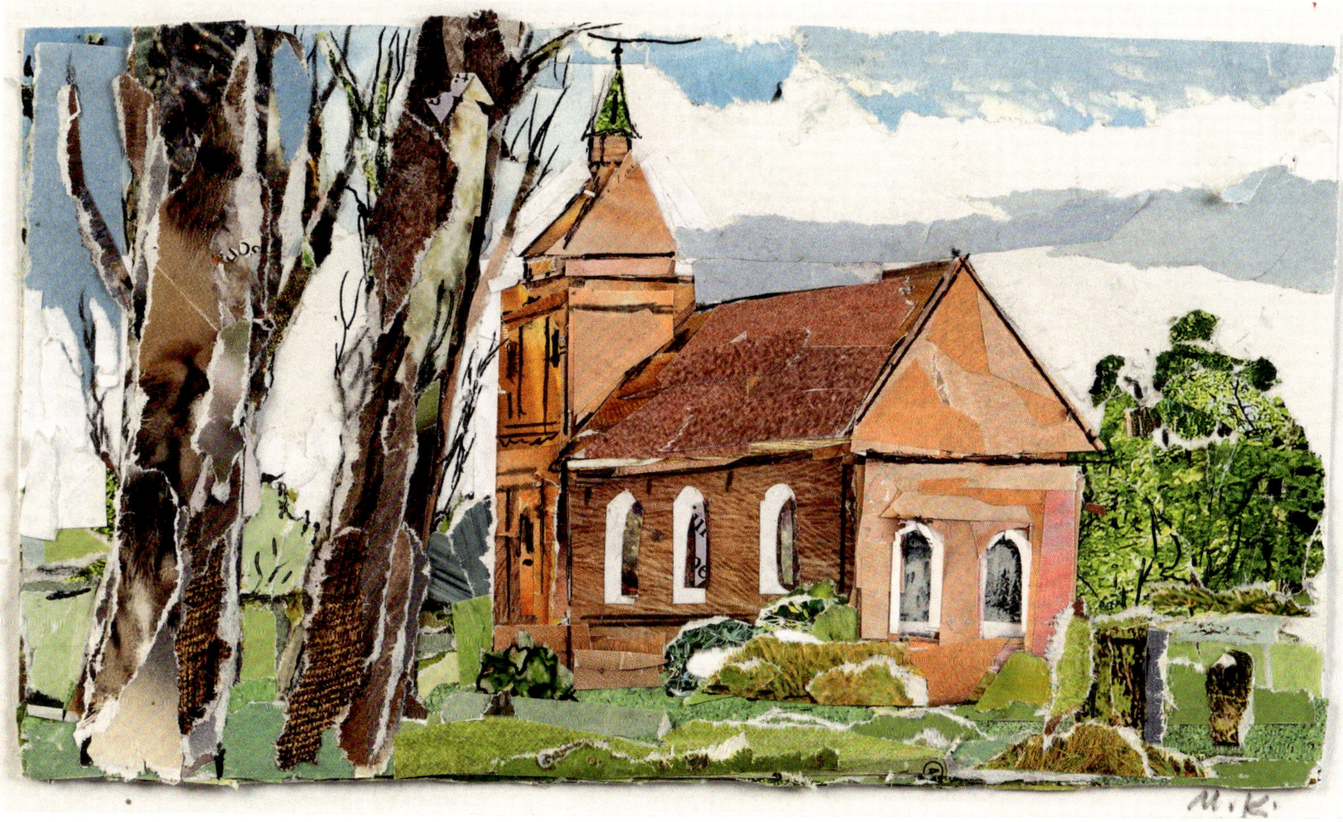

# *Nicolai-Kirche*

*Pewsum, evangelisch-lutherisch*

| | |
|---|---|
| Erbaut | 15. Jahrhundert |
| Besonderheit | Grabplatte der Häuptlingsfrau Tetta Manninga (1562); Kanzel von 1618; 1862 Kirchensanierung und -umbau |

*Orgel*

| | |
|---|---|
| Bauzeit | 1969 |
| Erbauer | H. Hillebrand |

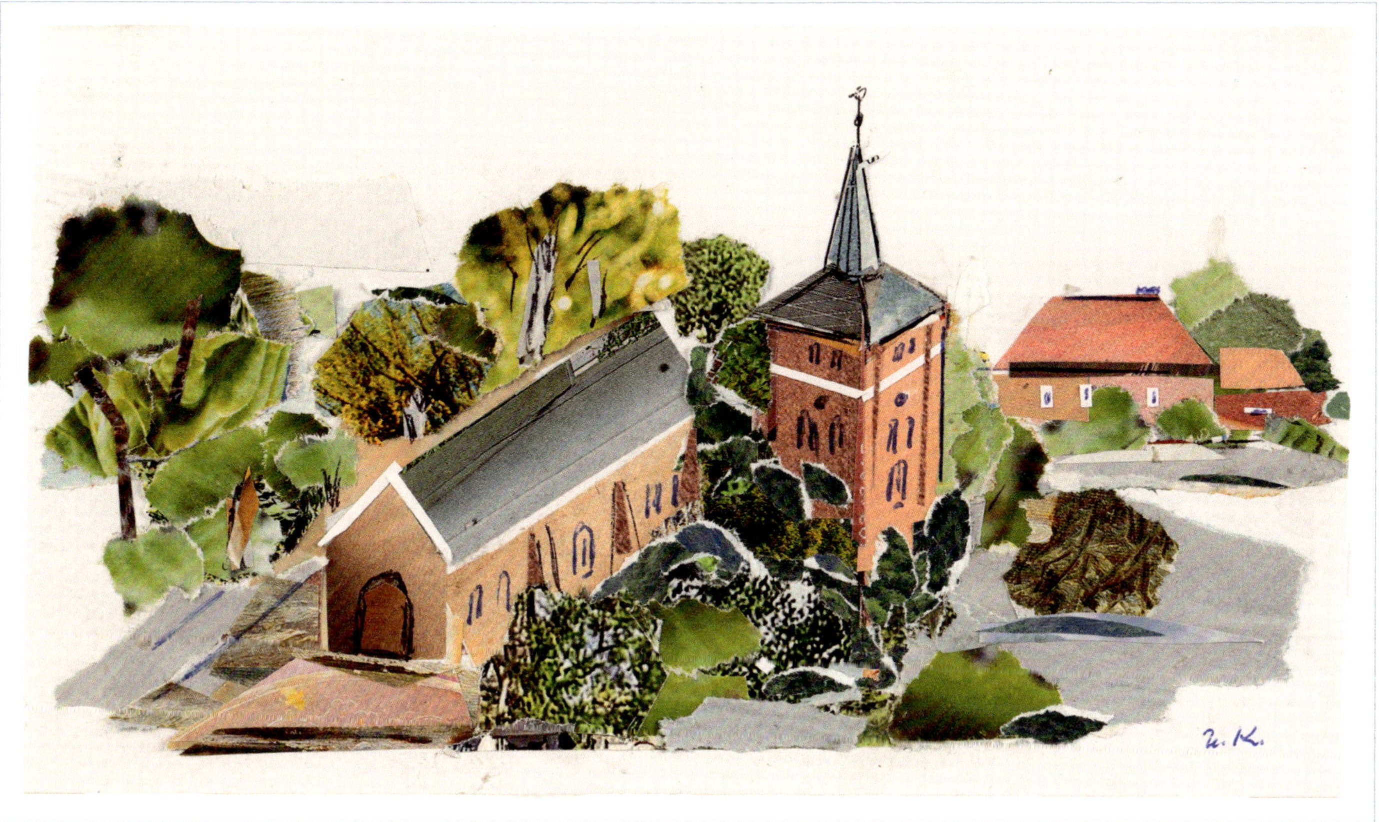

# *Pilsumer Kreuzkirche*

*Pilsum, evangelisch-reformiert*

| | |
|---|---|
| Erbaut | Ende 13. Jahrhundert |
| Besonderheit | Vierungsturm; Deckenmalereien (14. Jh.); Bronze-Taufbecken von 1469; Kanzel von 1704 |

*Orgel*

| | |
|---|---|
| Bauzeit | 1694 |
| Bedeutung | Europäisch |
| Erbauer | V. U. Grotian |

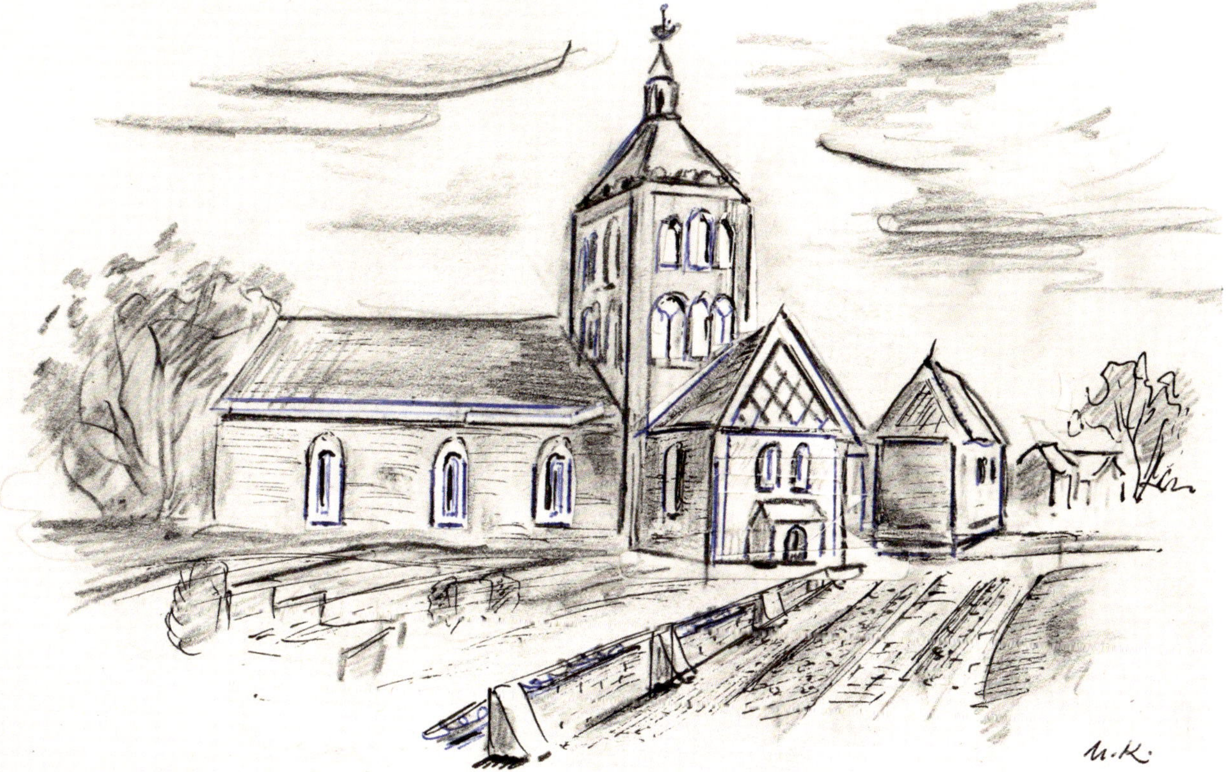

# *Roggensteder Kirche*

*Roggenstede, evangelisch-lutherisch*

| | |
|---|---|
| Erbaut | Mitte 13. Jahrhundert |
| Besonderheit | Kruzifix (um 1350); Sakramentshaus (15. Jh.); Schriftaltar (16. Jh.); freistehender Turm mit Glocke von 1627 |

*Orgel*

| | |
|---|---|
| Bauzeit | 1827/1833 |
| Bedeutung | Regional |
| Erbauer | J. G. Rohlfs |

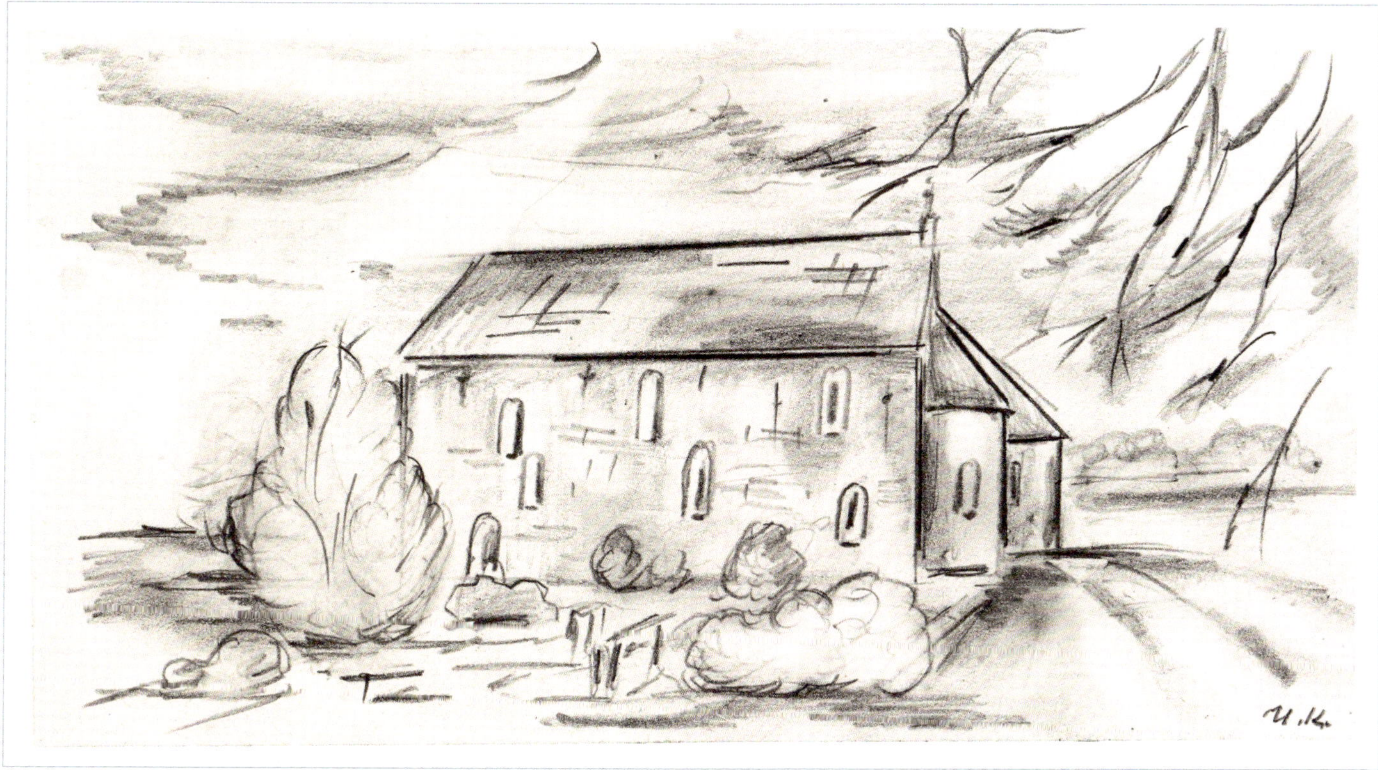

# *St.-Martin-Kirche*

*Remels, evangelisch-lutherisch*

| | |
|---|---|
| Erbaut | Anfang 13. Jahrhundert |
| Besonderheit | Kirchenschiff aus Granitquadern; Taufstein um 1270; Altar von 1667; Kirchturm von 1898 (53,50 Meter) |

*Orgel*

| | |
|---|---|
| Bauzeit | 1782 |
| Bedeutung | Regional |
| Erbauer | H. J. Müller |

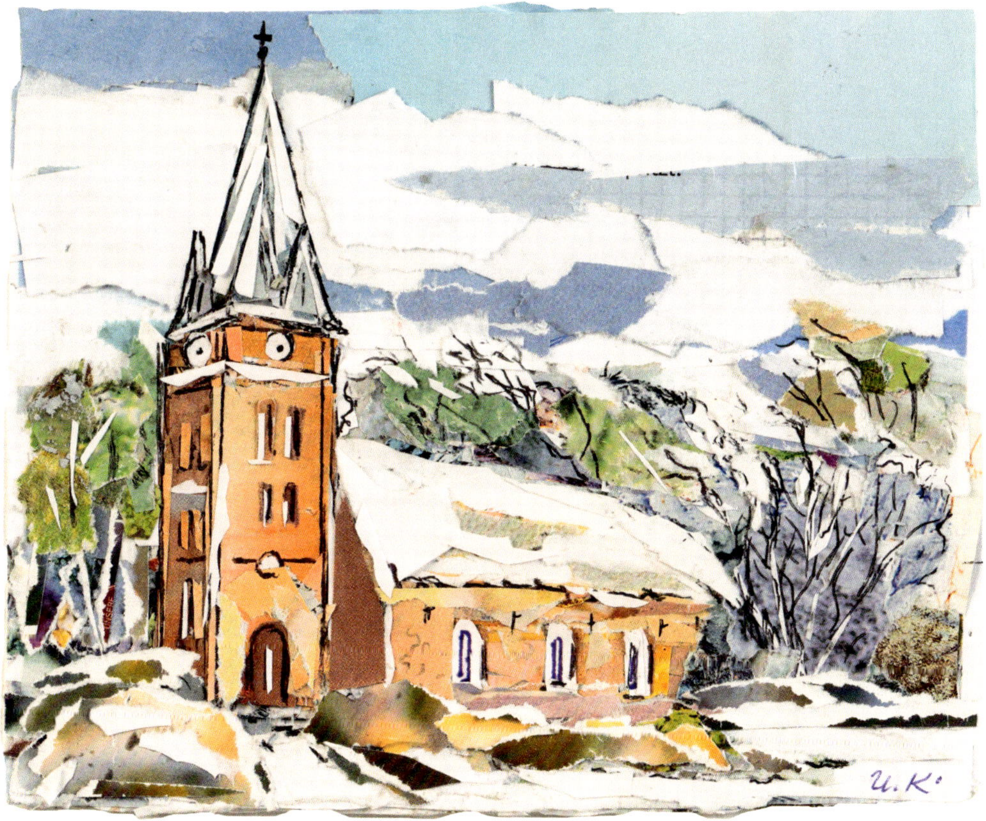
U. K.

# *St.-Matthäus-Kirche*

*Resterhafe, evangelisch-lutherisch*

| | |
|---|---|
| Erbaut | Ende 13. Jahrhundert |
| Besonderheit | Freistehender Glockenturm (13. Jh.); Taufstein (15. Jh.); Patronatsloge und Lettner (17. Jh.) |

*Orgel*

| | |
|---|---|
| Bauzeit | 1963 |
| Erbauer | A. Führer |

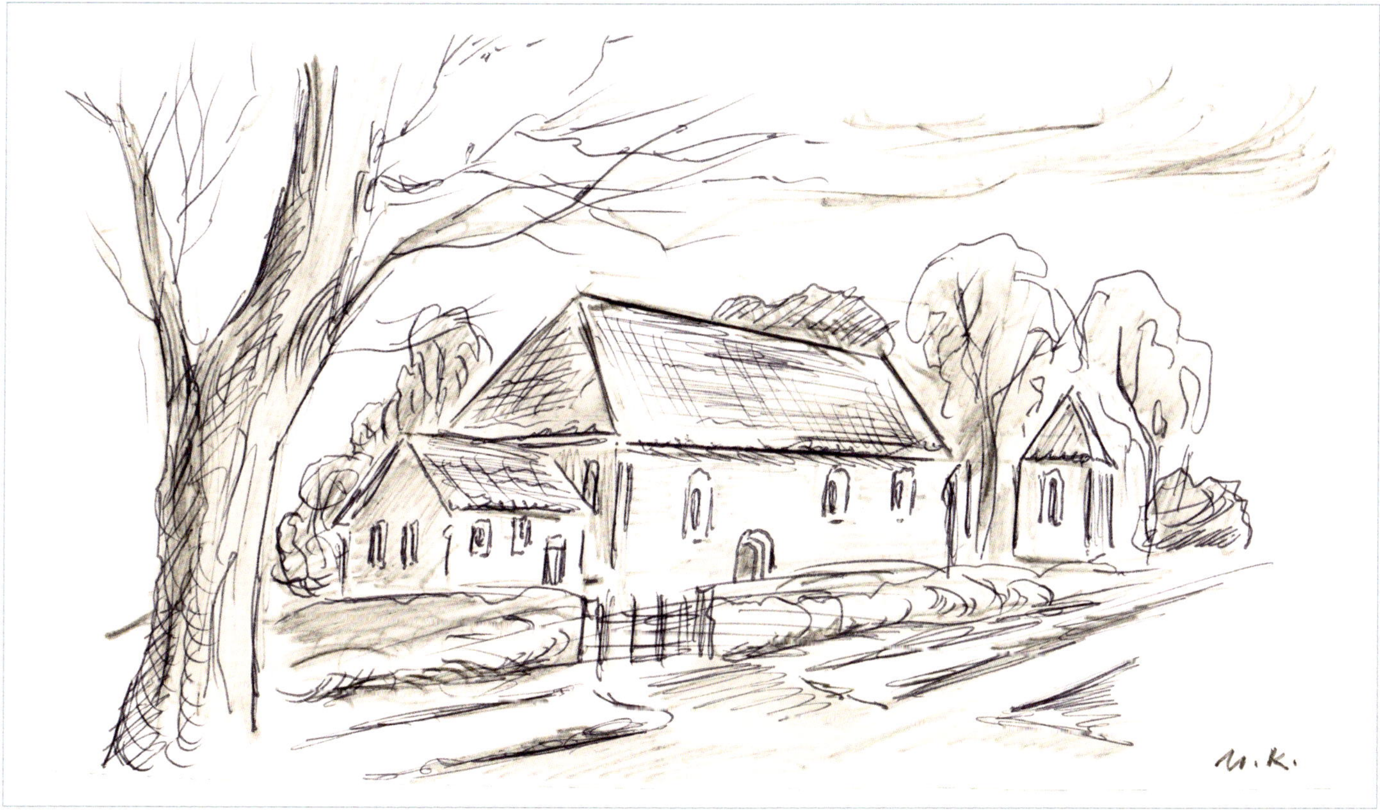
M.K.

# *Rysumer Kirche*

*Rysum, evangelisch-reformiert*

| | |
|---|---|
| Erbaut | 15. Jahrhundert |
| Besonderheit | Bausubstanz geht auf 12. Jahrhundert zurück; Turm mit Kastenchor (um 1270); 1585 erneuert; Weihekreuze und Heiliggrab-Nische (15. Jh.) |

*Orgel*

| | |
|---|---|
| Bauzeit | 1457 |
| Bedeutung | Europäisch; älteste bespielbare Orgel Nordeuropas |
| Erbauer | Meister Harmannus (vermutl.), Groningen |

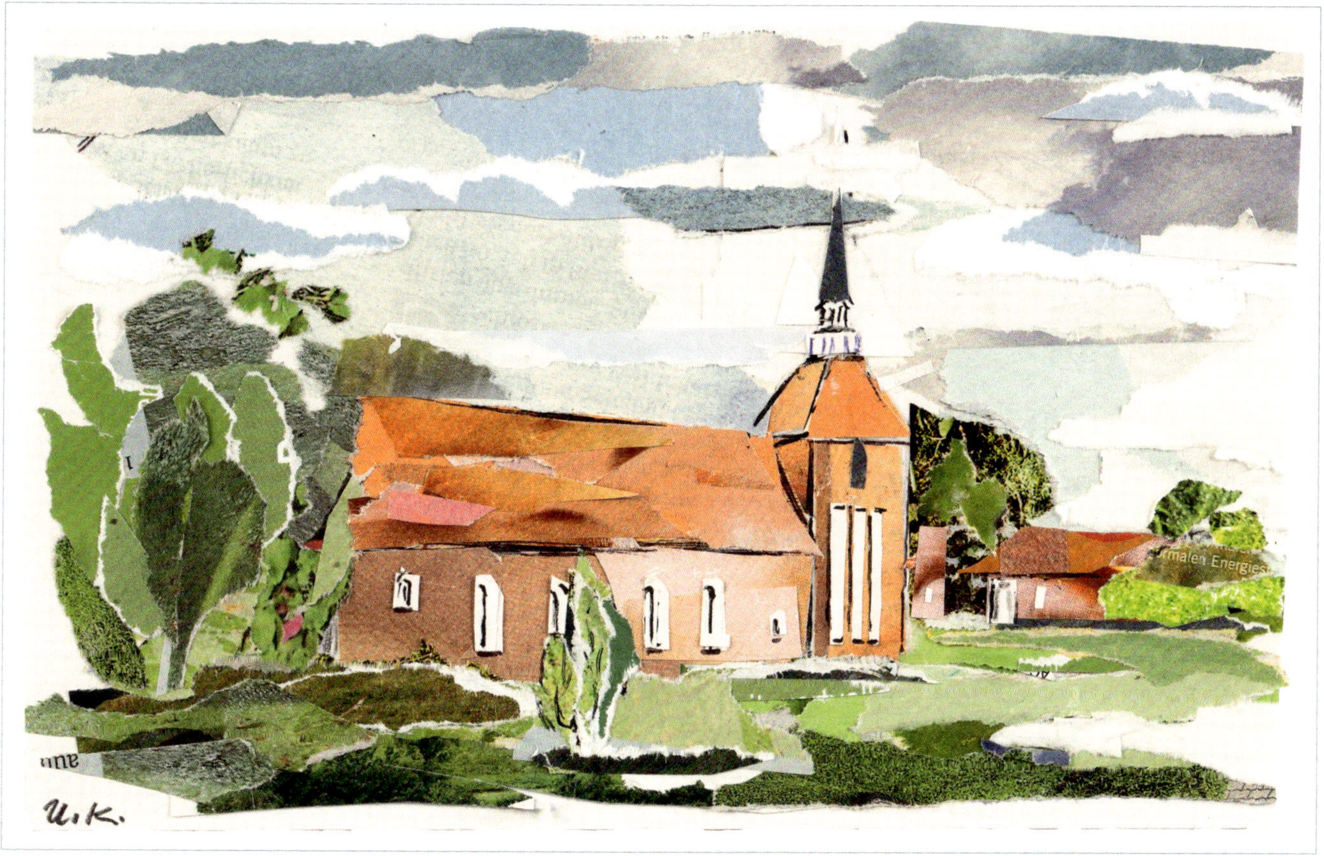
rmalen Energies
U. K.

# *Siegelsumer Kirche*

*Siegelsum, evangelisch-lutherisch*

| | |
|---|---|
| Erbaut | 1822 |
| Besonderheit | Kanzel von 1613; Westturm erhalten (15. Jh.), dient als Glockenturm; Georg V. von Hannover stiftete Orgel |

## *Orgel*

| | |
|---|---|
| Bauzeit | 1842/1845 |
| Bedeutung | Regional |
| Erbauer | A. Rohlfs |

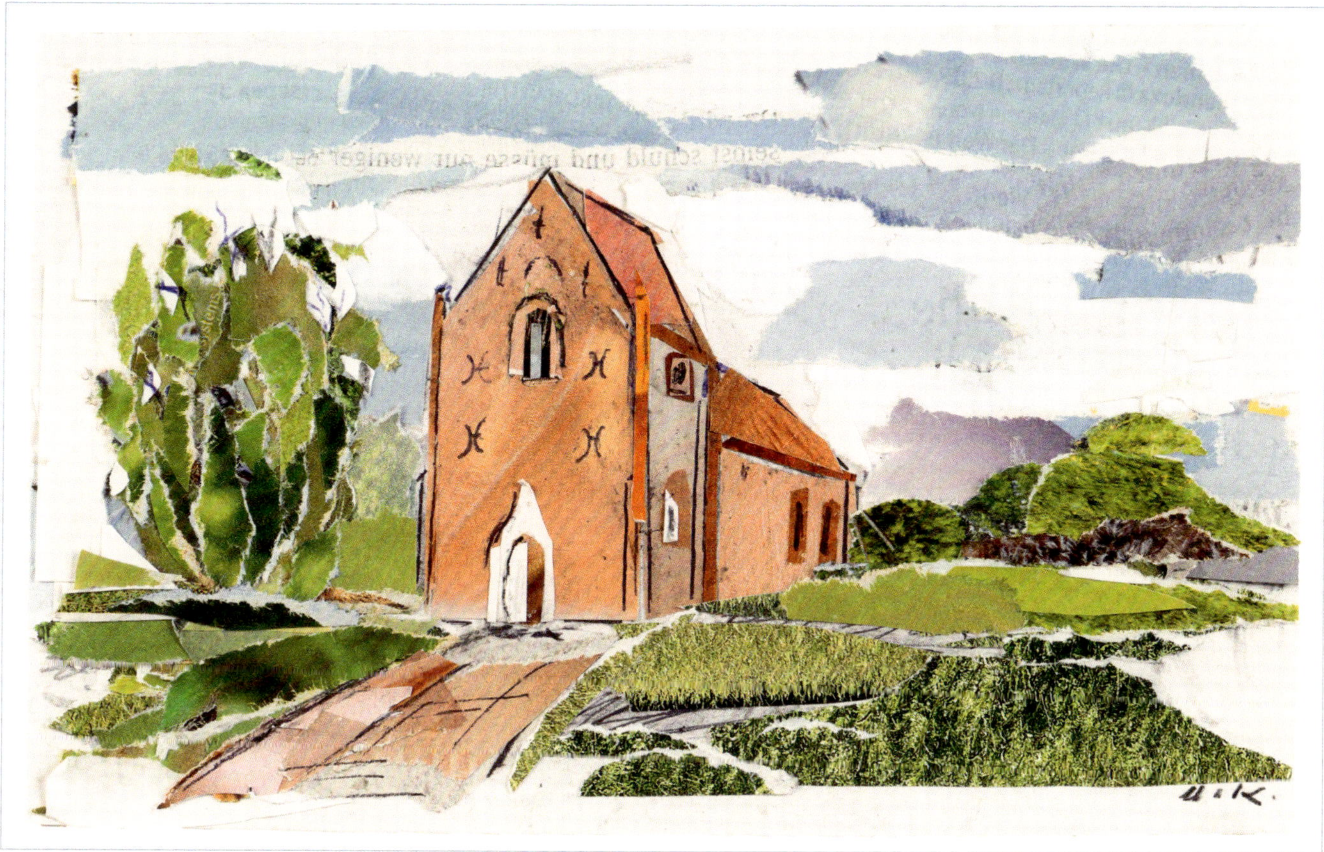

# *Alte Inselkirche*

*Spiekeroog, evangelisch-lutherisch*

| | |
|---|---|
| Erbaut | 1696 |
| Besonderheit | Älteste Kirche der Ostfriesischen Inseln; Pietà und Kanzel (16. Jh.); alter Kirchhof |

*Orgel*

| | |
|---|---|
| Bauzeit | 1961 |
| Erbauer | R. Janke |

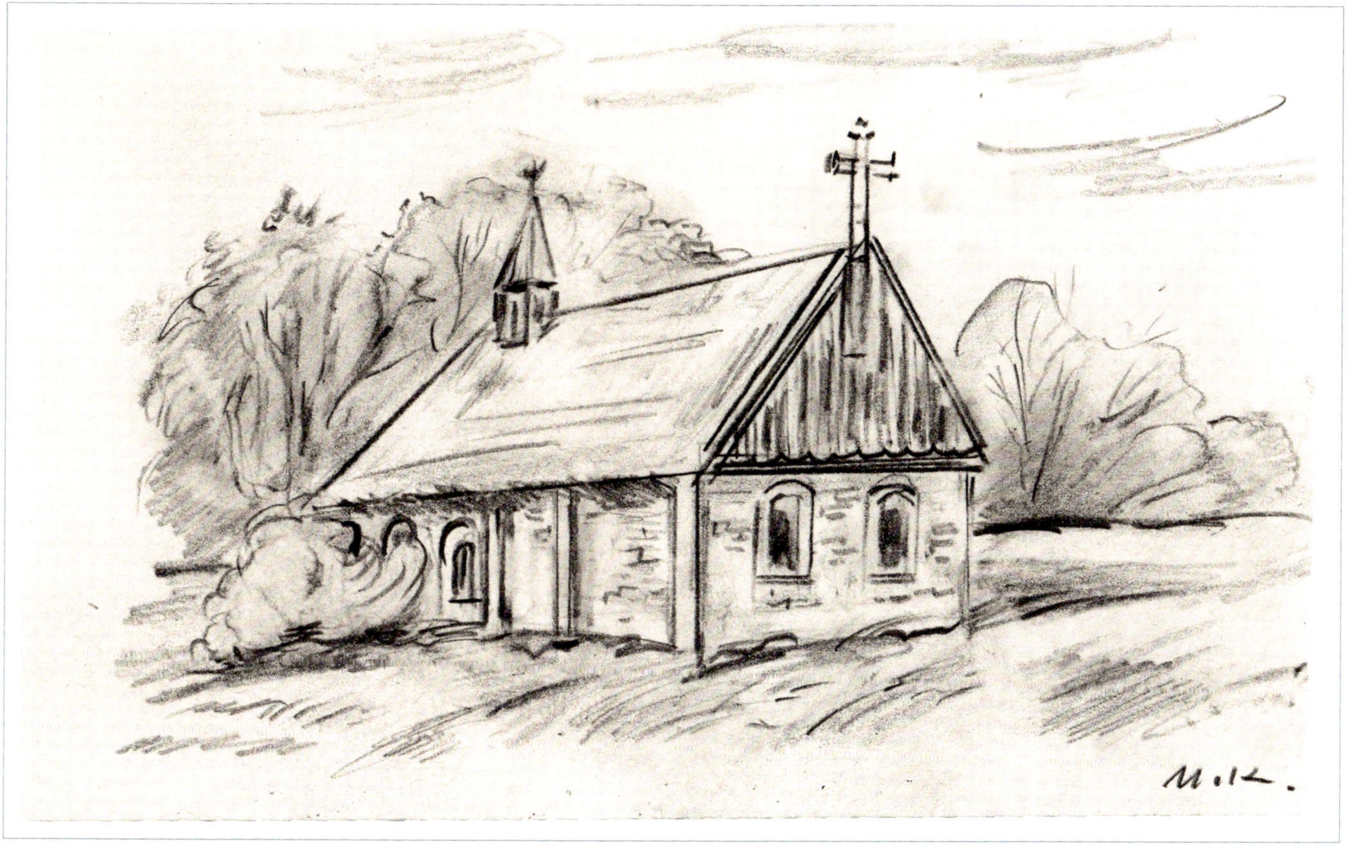
M.K.

# *Suurhuser Kirche*

*Suurhusen, evangelisch-reformiert*

| | |
|---|---|
| Erbaut | Mitte 13. Jahrhundert |
| Besonderheit | Westturm (15. Jh.) ist einer der schiefsten Kirchtürme der Welt (Guinness-Buch der Rekorde) |

### *Orgel*

| | |
|---|---|
| Bauzeit | 1959 |
| Erbauer | G. Brönstrup |

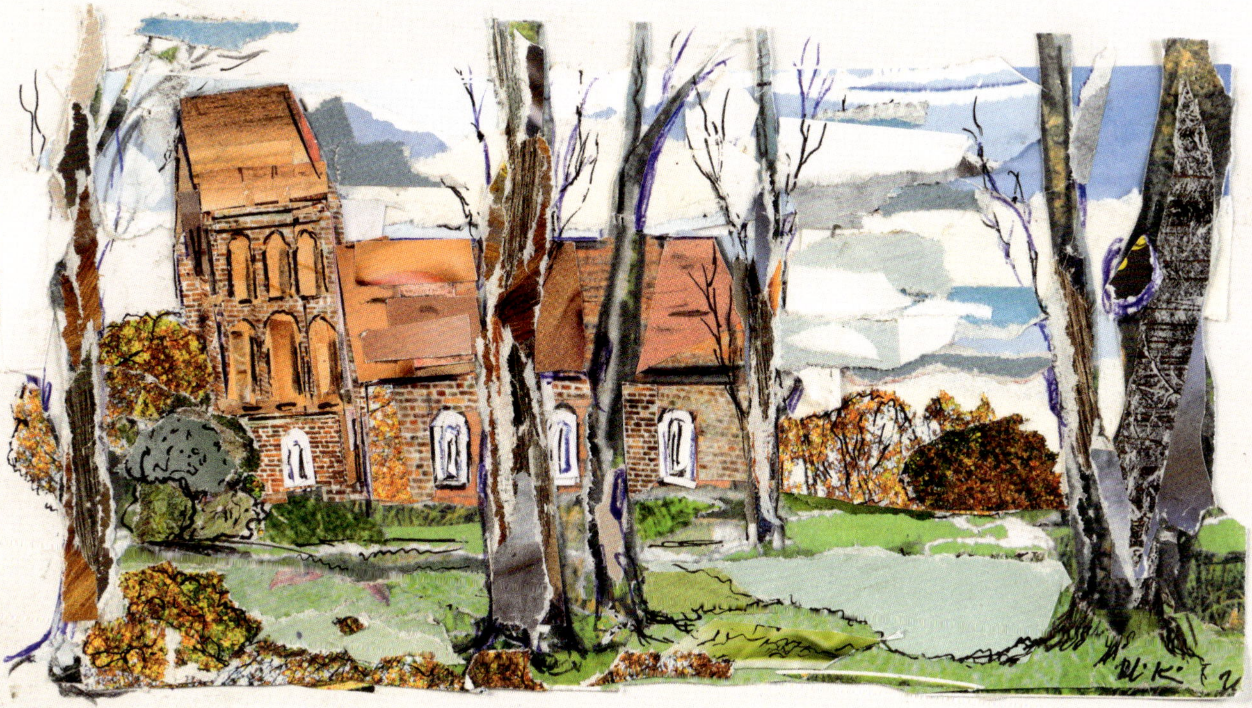

# *Uplewarder Kirche*

*Upleward, evangelisch-reformiert*

| | |
|---|---|
| Erbaut | 14. Jahrhundert |
| Besonderheit | Grabplatten (16 Jh.); Freistehender Glockenturm (1854) |

*Orgel*

| | |
|---|---|
| Bauzeit | 1963 |
| Erbauer | A. Führer |

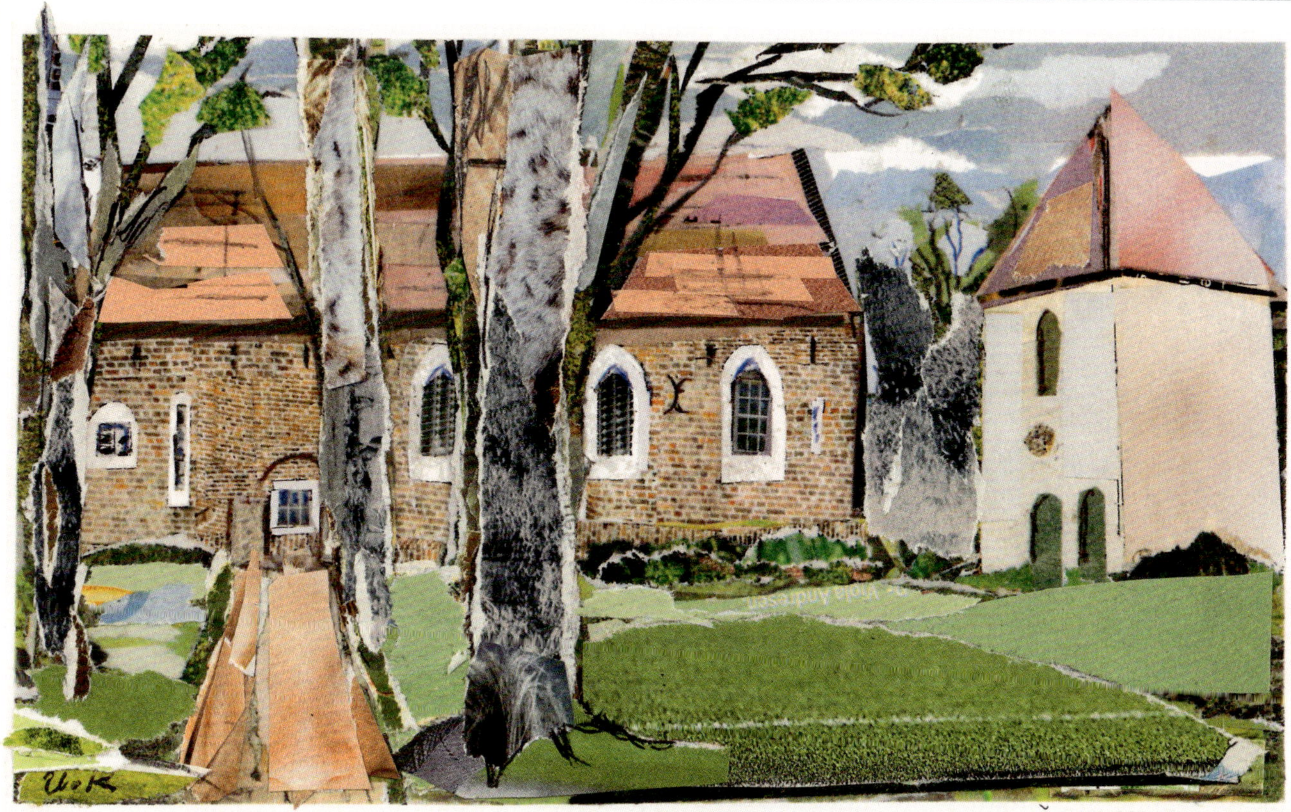

# *Visquarder Kirche*

*Visquard, evangelisch-reformiert*

| | |
|---|---|
| Erbaut | Ende 13. Jahrhundert |
| Besonderheit | Freistehender Glockenturm (um 1300);<br>gestiftete Sandsteinuhr mit Cirksena/Wasa-Wappen |

*Orgel*

| | |
|---|---|
| Bauzeit | 1966; Prospekt vor 1680 |
| Erbauer | J. Reil |

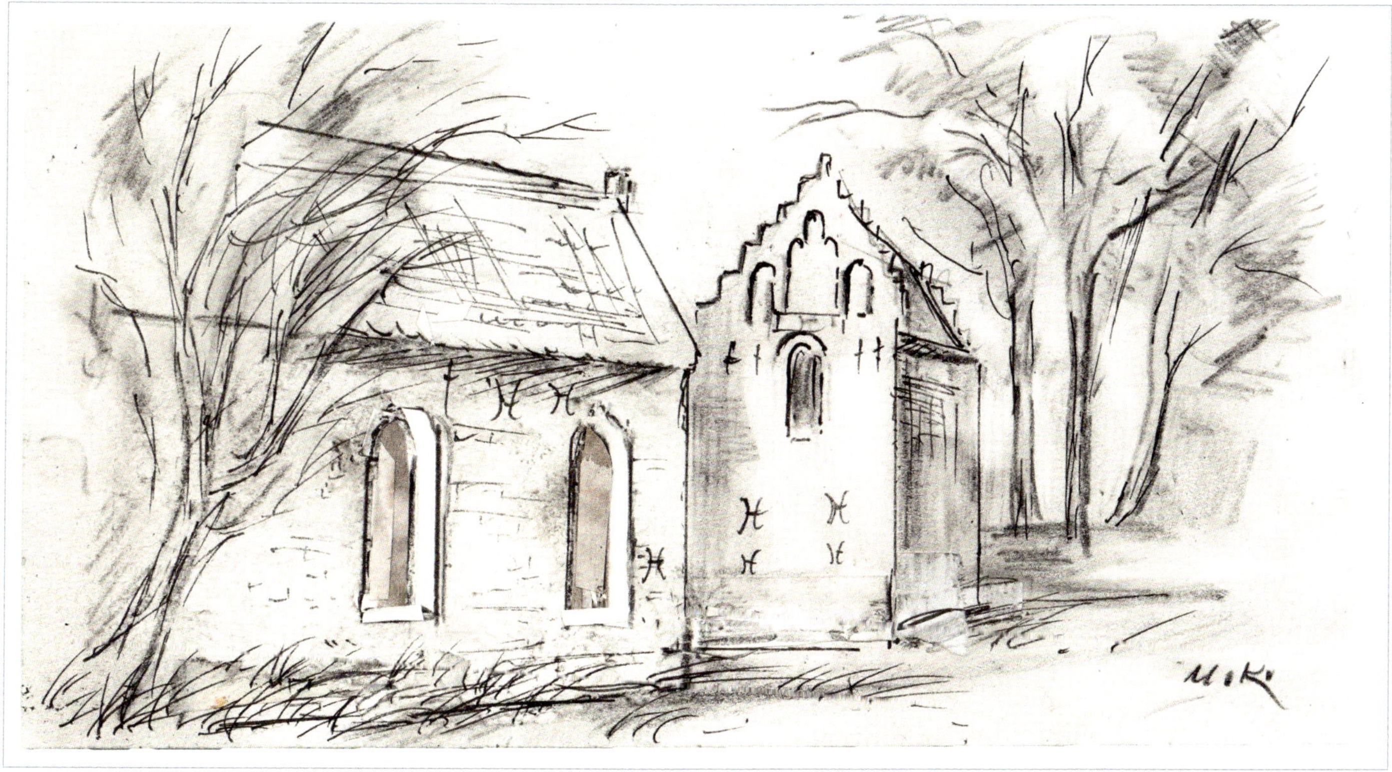

# *Petrikirche*

*Westeraccum, evangelisch-lutherisch*

| | |
|---|---|
| Erbaut | 1270/1300 |
| Besonderheit | Dreijochiges Gewölbe mit Ornamentmalereien; Kanzel von 1694; Emporenbrüstung stellt Tugenden dar; freistehender kleiner Glockenturm |

*Orgel*

| | |
|---|---|
| Bauzeit | 1972; Prospekt von 1857 |
| Erbauer | A. Führer |

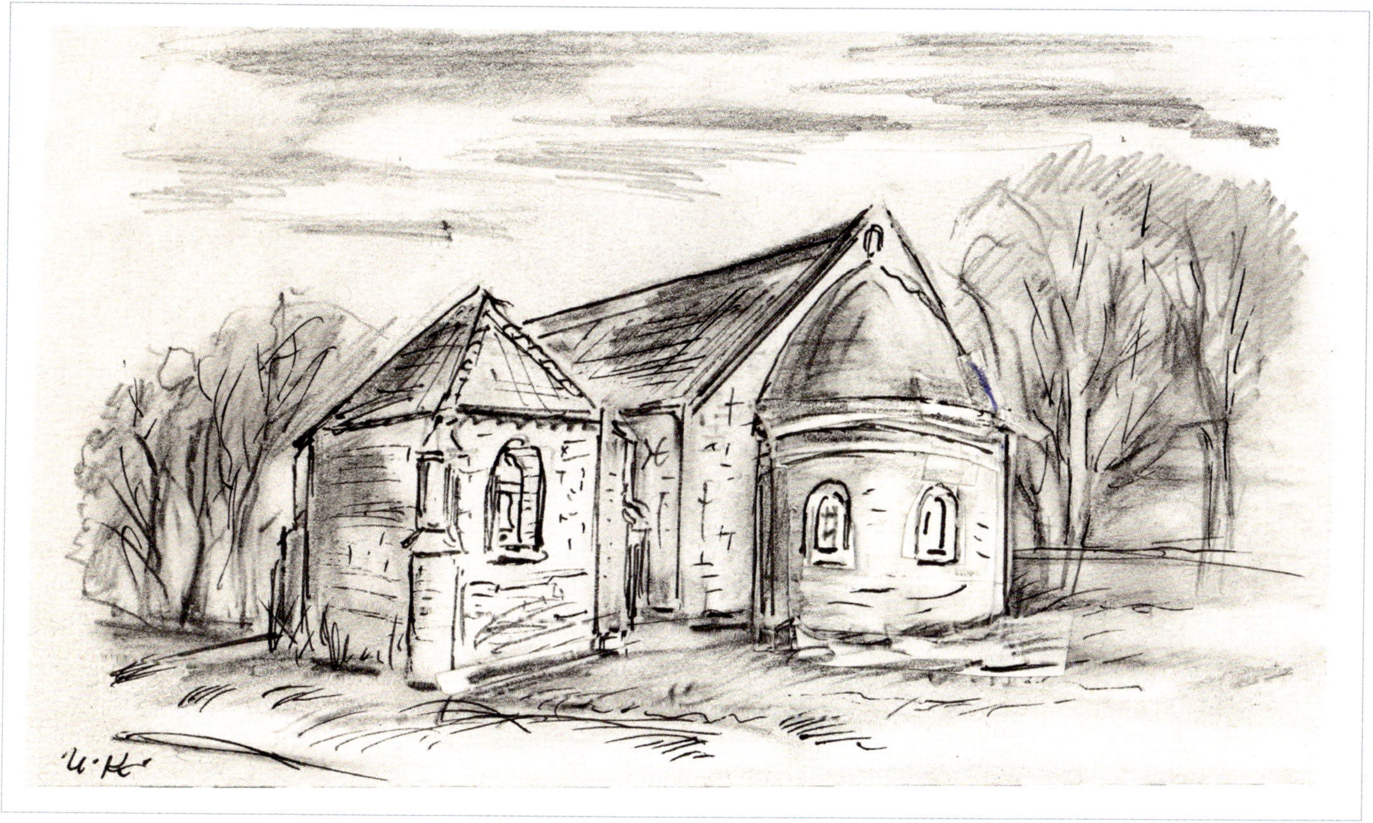

# *St.-Materniani-Kirche*

*Westerochtersum, evangelisch-lutherisch*

| | |
|---|---|
| Erbaut | 1260/1290 |
| Besonderheit | Freistehender Glockenturm (13. Jh.); Taufstein auf vier Löwen (um 1250); dreigeschossiger Altar von 1740 |

*Orgel*

| | |
|---|---|
| Bauzeit | 1743/1737 |
| Erbauer | C. Klausing |

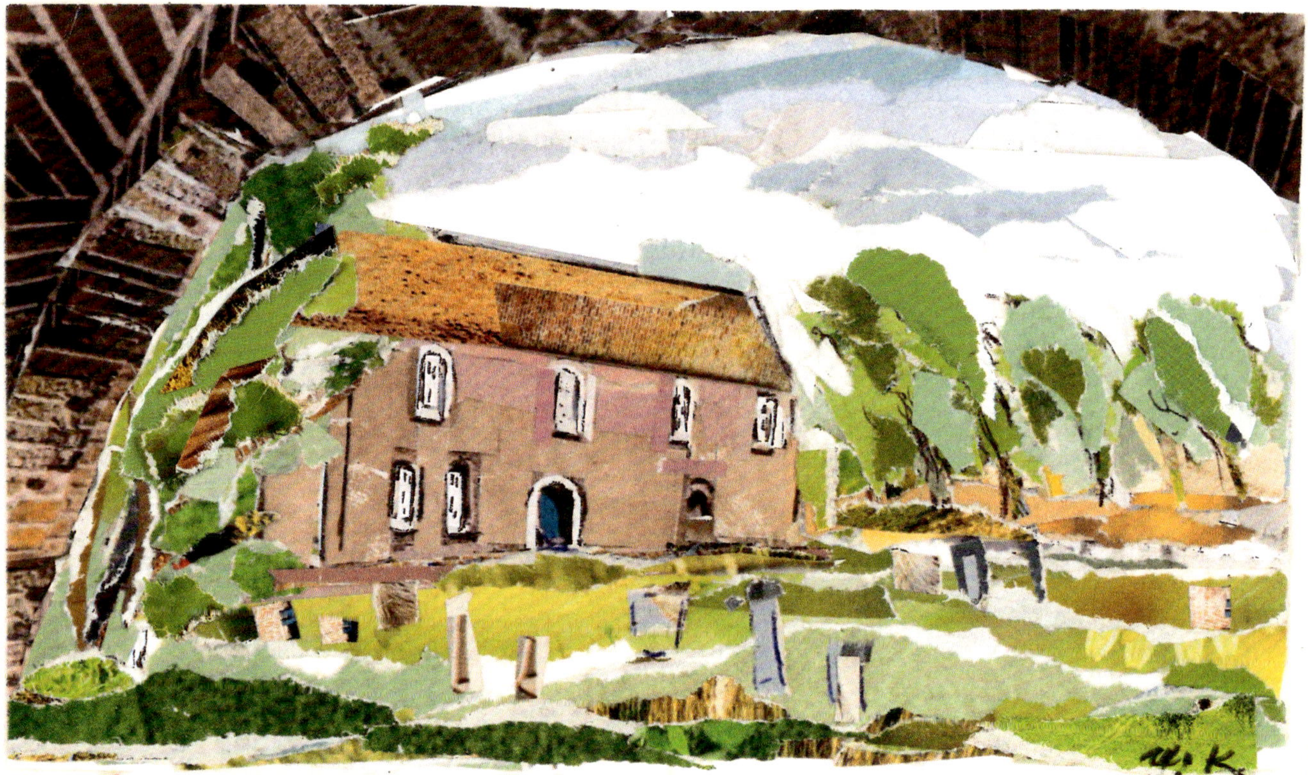

# *Johannes-der-Täufer-Kirche*

*Wiesens, evangelisch-lutherisch*

| | |
|---|---|
| Erbaut | Mitte 13. Jahrhundert |
| Besonderheit | Freistehender Turm mit Glocke aus Entstehungszeit der Kirche; Altar von 1715; Kanzel von 1735 |

*Orgel*

| | |
|---|---|
| Bauzeit | 1820/1822 |
| Bedeutung | Regional |
| Erbauer | J. G. Rohlfs |

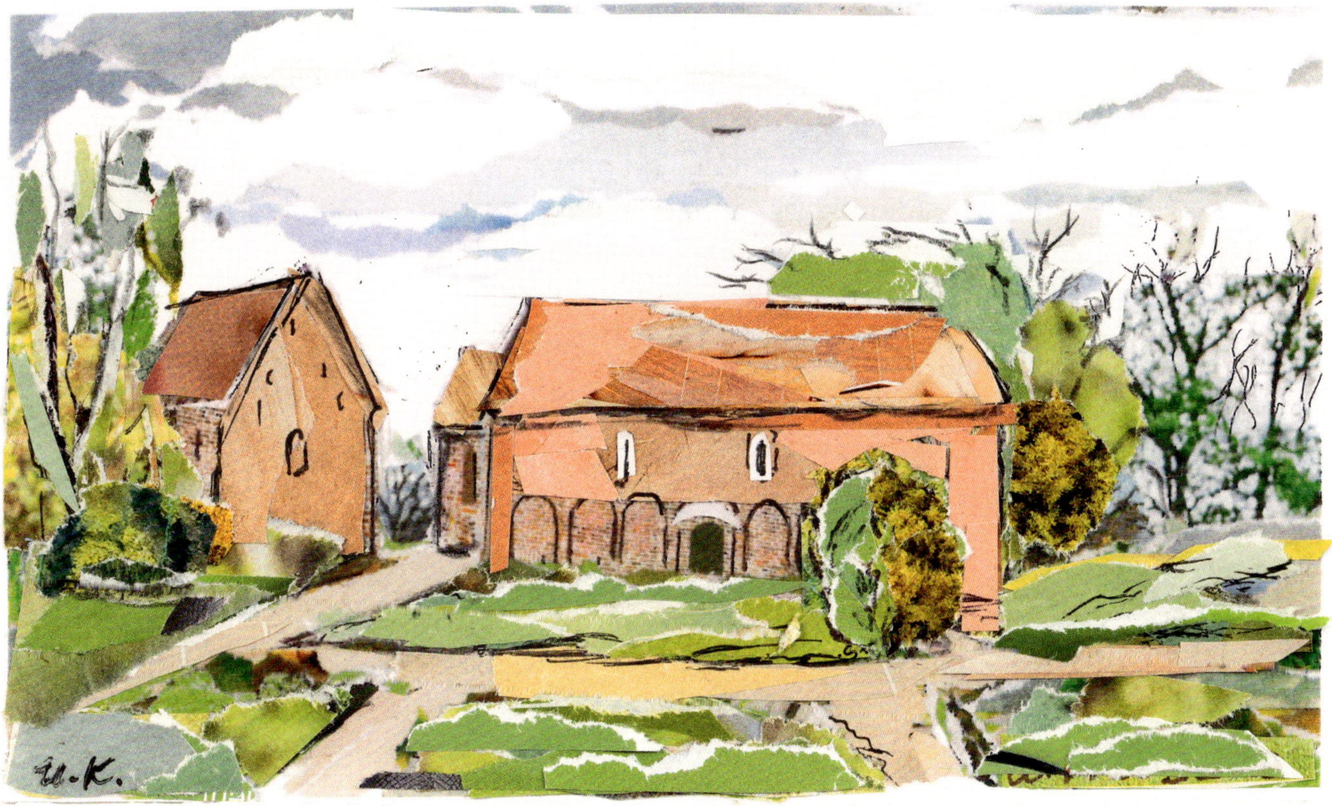

Ostfriesland Verlag – SKN

**Kirchen in Ostfriesland**
Eine Auswahl künstlerischer Ansichten
Erstellt von Ursula Karge

1. Auflage 2024
ISBN 978-3-910358-12-6

Verlagsleitung: Gabriele Basse
Verlagsanschrift: Stellmacherstraße 14 · 26506 Norden
Internet: www.skn.info · E-Mail: buchshop@skn.info

Redaktionelle Bearbeitung: Gabriele Basse, Silke Arends
Korrektorat: Annette Freese
Umschlaggestaltung/Layout: Wiebke Jacobsen
Bildbearbeitung: Julia Wienekamp, Victoria Danielyan
Fotos: Ute Bruns
Gesamtherstellung: SKN Druck und Verlag GmbH & Co. KG
Druck: OPD – Ostfriesische Presse Druck / Emden

Bibliografische Information der Deutschen Nationalbibliothek:
Die Deutsche Nationalbibliothek verzeichnet diese Publikation in der Deutschen Nationalbibliografie; detaillierte bibliografische Daten sind im Internet über http://dnb.d-nb.de abrufbar.



Literatur:

- Gottes Häuser in Ostfriesland, Robert Noah,1989
- Orgellandschaft Ostfriesland H. Vogel/R. Ruge/ R. Noah/M. Stromann,1997
- Ostfriesland Kalender 2024 – Orgeln und Modelle
- Wikipedia: Liste der historischen Kirchen in Ostfriesland, bearbeitet Mai 2024